카시러가 들려주는

상징 이야기

카시러가 들려주는

상징 이야기

ⓒ 강영계, 2008

초판 1쇄 발행일 2008년 10월 10일
초판 9쇄 발행일 2020년 8월 10일

지은이   강영계
그림   김주희
펴낸이   정은영
펴낸곳   (주)자음과모음

출판등록   2001년 11월 28일 제2001-000259호
주소   04047 서울시 마포구 양화로6길 49
전화   편집부 (02)324-2347 경영지원부 (02)325-6047
팩스   편집부 (02)324-2348 경영지원부 (02)2648-1311
e-mail   jamoteen@jamobook.com

ISBN 978-89-544-0828-8 (64100)

카시러가 들려주는

상징 이야기

강영계 지음

|주|자음과모음

인간의 삶은 다른 동물들의 삶과 비슷한 면도 있지만 질적으로 큰 차이가 있습니다. 그 차이는 무엇일까요? '인간만이 동물들과 달리 문화를 즐기며 살아간다는 점'입니다.

짐승들은 오직 본능에 따라 태어나서 살다가 죽습니다. 하지만 인간은 앎과 느낌, 의식 활동을 활발히 하면서 온갖 상징을 사용하고 문화를 만듭니다. 이에 관련해서 저는 한 친구와 아래와 같은 대화를 하기도 했답니다.

"확실히 인간은 신비한 존재임이 틀림없어. 어떤 사람은 인간의 특징을 정밀한 기계에 비유하지만 인간은 절대로 기계가 아니야. 인간에게는 기계와 달리 자유로운 의지가 있어. 그렇기 때문에 인간은 온갖 비유 즉, 은유와 상징 등을 이용해서 문화를 창조하고 그것을 누리는 거야."

"맞아! 네 생각하고 내 생각이 어쩜 그렇게 똑같지? 현대사회에서 제

아무리 인간을 기계론적인 그리고 물질만능적인 입장으로 해석할지라도 인간은 역시 정신적으로 자신의 삶을 창조하는 자유로운 존재야!"

그렇습니다. 이 세상에서 오직 인간만이 역사와 종교, 기술과 예술, 언어를 가지고 있어요. 특히 사람들은 언어를 가진 인간을 가리켜서 '말하는 존재'라고 해요. 앵무새도 인간이 하는 말을 따라 한다고요? 앵무새는 말하는 것이 아니에요. 인간이 하는 말을 소리로 흉내내는 것이죠.

현대 독일 철학자 하이데거는 "언어는 존재의 집이다"라고 말했어요. 우리는 언어를 사용함으로써 무수히 많은 상징형식들을 만들어내고 있어요. 우리가 창조하는 상징형식들은 일정한 체계를 형성해요. 상징형식의 체계들은 역사, 예술, 종교, 기술, 정치, 법, 정신 등의 문화적 요소들을 만들지요. 독일의 문화철학자 카시러는 인간의 특징을 상징형식의 체계에서 정확히 발견했어요.

카시러의 주장에 따르면 신화와 종교는 물론이고 언어와 예술 그리고 과학과 경제 및 기술도 모두 문화입니다. 종교, 언어, 예술, 과학, 경제 등은 어떤가요? 인간의 삶과 아주 가까이 있으며 문명을 상징하는 형식이죠. 그래서 문화는 '삶을 상징하는 형식'이라는 거예요. 그러므로 '인간은 상징하는 동물이다' 라는 정의가 가능합니다.

그러면 우리 삶을 이루고 있는 수많은 상징형식들 중 가장 기본적인 것은 무엇일까요? 카시러는 가장 기본적인 상징형식을 '신화'라고 했어요. 신화는 무의미하거나 허구를 다루고 있는 미신이 아니에요. 바로 생생한 삶의 상징이죠. 카시러는 상징체계를 잘 연구하고 상징의 의미들을 밝혀낼 때 창조적이며 자율적인 인간상을 구성할 수 있다고 보았어요.

카시러는 히틀러가 이끄는 나치의 학대를 피하여 영국, 스웨덴, 미국 등으로 옮겨 다녔어요. 힘든 생활을 하면서도 문화를 연구하고 자유로운 인간의 삶을 제시하기 위해서 수많은 저술 활동을 펼쳤습니다. 카시러가 쓴 책, 에세이, 평론 등은 모두 125편이 있어요.

카시러의 문화철학은 상징형식에 대한 독특한 연구 결과를 바탕으로 하고 있어요. 역사가 흐르고 발달함에 따라 인간의 의식도 함께 발달해요. 따라서 상징형식도 역사가 흐를수록 발달하죠.

카시러는 문화를 형성하는 세 가지 상징형식을 제시하는데 그것들은 각각 표현 기능으로의 상징형식, 직관 기능으로의 상징형식, 의미 기능으로의 상징형식이에요. 말이 꽤 어렵지요? 이 책을 꼼꼼히 읽으면 말의 뜻을 쉽게 이해할 수 있을 거랍니다.

자유로운 인간을 주창한 현대의 대표적인 문화철학자 카시러! 자, 지금부터 카시러가 들려주는 상징 이야기를 펼쳐 볼까요?

2008년 10월

강영계

C O N T E N T S

프롤로그

"삼촌! 차 열쇠!"

다급한 나는 현관문을 열고 소리쳤습니다. 삼촌은 계단을 뛰어 내려가다가 허둥지둥 올라왔습니다.

"고맙다. 이 은혜 잊지 않으마."

삼촌은 눈을 찡긋하며 웃더니 다시 계단을 뛰어 내려갔습니다.

"만날 저러니까 살이 안 찌지. 바로 출근하는 법이 없다니까."

나는 중얼거리며 현관문을 닫았습니다.

우리 삼촌은 정말 못 말릴 정도로 덤벙거리는 게 탈이에요. 도대체 직장에서는 일을 어떻게 하는지 걱정된다니까요!

한번은 삼촌이 지각을 해서 정신없이 출근하는 바람에 미술관 전체가 떠들썩했던 적이 있었습니다. 글쎄, 삼촌의 구두가 짝짝이였지 뭐예요.

삼촌은 미술관에서 작품을 기획하기도 하고 사람들을 안내하기도 하는데, 그날따라 사람들이 자꾸 자신을 위아래로 훑어보는 것 같아 기분이 상했대요.

그러다 어떤 아주머니께서 '요즘엔 이런 구두가 유행인가요?' 하고 물어서 구두가 짝짝이란 걸 알게 되었다나요. 주변에 있던 사람들이 다들 삼촌을 쳐다보며 웃었고, 삼촌은 얼굴이 화끈거려서 재빨리 사무실로 도망쳤대요.

그날이 일요일이라 내가 집에 있었으니 다행이었죠. 삼촌은 내가 구두를 갖다 주기 전까지 사무실에서 꽁꽁 숨어 있어야 했거든요.

삼촌이 구두 짝을 똑바로 맞춰 신은 뒤에도 '사건의 목격자'들은 삼촌을 보며 슬며시 웃었습니다. 심지어 같이 사진을 찍자고 권하는 사람들도 있었어요.

아무튼 삼촌은 짝짝이 구두 덕분에 일부 관람객들에게 인기 스타가 되었고, 미술관 사람들에게 웃음을 선물했답니다.

이런 대단한 사건이 아니더라도 삼촌은 늘 차 열쇠를 두고 나가거나 핸드폰을 두고 나가서 다시 집으로 들어오곤 합니다. 우리 집이 엘리베이터를 탈 수 없는 2층이라 삼촌은 아침마다 적잖이 운동을 하고 있는 셈이지요.

보다 못한 내가 삼촌이 두고 나간 물건을 챙겨 주는 때는 삼촌에게 행운의 날입니다. 오늘은 내가 신발장 위에 둔 차 열쇠를 빨리 발견해서 삼촌이 덜 뛰게 됐으니까 아마 집으로 돌아올 때 맛있는 걸 사 가지고 들어올 거예요.

그래도 나는 삼촌이 세상에서 제일 좋습니다. 덤벙거리는 것만 빼면 모든 면에서 완벽한 분이거든요. 키도 크고 잘생기고 맛있는 것도 많이 사 주고…….

내가 공부를 잘 못해서 점수가 낮은 시험지를 내밀어도 삼촌은 혼내는 일이 없습니다. 다른 친구들은 엄마께 꾸중을 듣거나 학원에서 나머지 공부를 하기도 한다는데 말이에요.

시험지를 내밀면 삼촌은 그걸 한참 보고 있다가 내 어깨를 토닥여 줍니다.

"다음 시험은 잘 보면 되지 뭐, 그치?"

어떤 때에는 분식집에 가서 떡볶이랑 순대를 사 주기도 합니다. 떡볶이와 순대는 나와 삼촌이 아주 좋아하는 간식거리예요. 삼촌은 뭔가 어려운 얘기를 꺼낼 때도 꼭 떡볶이와 순대를 사 주곤 했어요.

"초등학교 다닐 때는 다 그런 거야. 하지만 이번 성적은 좀 곤란하구나. 난 너희 담임선생님이 좀 무섭던데……."

또 나에게는 큰 약점이 있는데 삼촌은 그것도 이해해 주었습니다. 말하기 좀 부끄럽지만 나는 자다가 흐느껴 우는 때가 가끔 있거든요.

내가 울다가 잠이 깨면 삼촌은 짜증 한 번 내는 일 없이 나를 달래 줍니다. 나는 삼촌이 내 약점을 우리 담임선생님께 알리면 어쩌나 걱정을 했는데 아직 누구에게도 말하지 않은 것 같습니다.

하지만 뭐니 뭐니 해도 내가 삼촌을 좋아하는, 아니 사랑하는 가장 큰 이유는 지금까지 나를 친아들처럼 키워 주었기 때문이에요.

물론 처음에는 서로 어색하거나 불편한 점이 많았어요. 삼촌이 바쁠 때에는 얼굴 볼 시간조차 없었지만 모처럼 쉬는 날이면 서로 무엇을 해야 할지 몰라 거실에 앉은 채로 몇 시간이고 텔레비전만 봤답니다.

삼촌이 바빠도 문제였습니다. 지금은 내가 초등학교 5학년이 되어서 혼자 밥도 잘 챙겨 먹고 집안 정리도 잘 하지만 그때는 내가 어렸기 때문에 삼촌이 나를 챙겨 주지 않으면 안 되었거든요.

나를 유치원에 데려다 주고 데리고 오는 일, 아파서 병원에 다니는 일, 초등학교에 입학시키고 담임선생님과 만나는 일 등등 삼촌이 모든 일을 챙기느라고 힘들었을 거예요.

더구나 삼촌은 직장에 취직한 지 얼마 되지 않아 할 일이 많았을 텐데 음식 준비하는 일, 집안 청소하는 일까지 도맡아 하느라고 내가 귀찮게 느껴졌을지도 몰라요. 그러나 이건 나의 추측일 뿐이지 삼촌이 나를 귀찮게 여긴다는 생각이 든 적은 한 번도 없었습니다.

지금은 5년 전의 생활과 다르게 나와 삼촌이 집안일을 나누어 하면서 잘 지내고 있어요. 주로 삼촌이 요리와 빨래를 하고 설거지나 청소는 내가 하지요. 삼촌이 쉬는 날이면 우리는 공원으로 산책을 가거나 할인점에 장을 보러 가기도 합니다.

　할인점에 가면 몇몇 아주머니들은 우리가 삼촌과 조카 사이인 줄 모르고 부자지간에 사이가 좋다고 하십니다. 그럴 때마다 삼촌은 얼굴을 붉히면서 삼촌과 조카 사이라고 굳이 밝히기도 했었는데 요즘에는 '우리 아들이 저 닮아서 잘 생겼지요'라고 말하기도 합니다.

　이렇게 삼촌과 같이 지내온 것이 벌써 5년째입니다. 그 사이 유치원생이었던 나는 초등학생이 되었습니다. 5학년이에요! 스물일곱 살이었던 우리 삼촌은 서른두 살의 노총각이 되었습니다.

　그런데 내가 삼촌과 같이 살고 있는 이유가 궁금하다고요? 조금만 기다려 보세요. 잠시 후에 얘기할게요.

문화는 상징형식이다

상징성이 없었다면 인간의 생활은 마치 저 유명한 플라톤의
비유 가운데 하나인 '동굴 속 죄수들의 그것' 과 다를 바 없었
을 것이다.

— 에른스트 카시러

1 사랑하는 가족을 잃다

요즘 우리 아빠, 엄마는 정말 바쁘게 지내고 계십니다. 며칠 뒤에 동생 민수의 돌잔치가 있거든요. 돌잔치 준비 때문에 아빠, 엄마는 음식을 주문하고 아는 사람들에게 초대장을 보냈습니다.

나도 아빠, 엄마를 도와 초대장 봉투에 또박또박 주소를 쓰는 임무를 맡았습니다. 하나밖에 없는 동생의 생일인데 가만히 있을 수는 없잖아요?

또 나는 엄마 대신 민수를 돌보기도 했습니다. 엄마는 민수가 걷기 시작하면서 귀찮은 일이 한두 가지가 아니라고 하시지만 나는 동생과 더 신나게 놀 수 있어서 좋았습니다.

며칠이 지나고 손꼽아 기다리던 민수의 첫 생일이었습니다. 민수는 어제 저녁까지 열이 있어서 칭얼거리며 울었는데, 오늘은 다 나았는지 생긋거리며 웃고 있었습니다. 거기다 새로 맞춘 한복까지 입어서 민수는 마치 텔레비전에 나오는 아기 모델 같았어요.

우리 가족들은 모두 예쁘게 차려 입고 돌잔치가 열릴 행사장으로 갔습니다. 행사장 안에는 음식들이 가지런히 놓여 있고, 아빠, 엄마는 행사장 직원과 마지막으로 행사 준비를 점검했습니다.

그러는 사이 할머니께서 행사장 안으로 조심스럽게 들어오셨습니다. 나는 할머니를 알아보고 얼른 손을 흔들었습니다.

"할머니, 여기에요."

할머니께서도 나를 알아보시고는 나와 민수가 있는 소파로 다가오셨습니다.

"할머니, 잘 지내셨어요?"

"오냐. 너도 잘 지냈니? 어이고, 이 녀석 좀 보게. 벌써 이렇게 큰 게로구나. 근데 아범 어멈은 어딜 가고 어린 것들만 있는 게

냐? 행여 다치기라도 하면 어쩌려고."

그때 아빠, 엄마가 행사장 뒤쪽 끝에 있는 문을 열고 들어오셨습니다.

"어머니, 오셨어요? 먼 길 오시느라 고생 많으셨죠?"

"그래, 잘 지냈니? 더 일찍 올라오려고 했는데 주말이라 차가 너무 밀리더구나. 근데, 인호는 아직 안 왔니?"

"인호는 오늘 미술관에 일이 있어서 못 온대요."

"무슨 일이 그렇게 많아서 조카 돌잔치에도 못 온다는 겐지. 아무튼 고생들 했구나. 이거 큰돈은 아니다만 보태 써라."

할머니께서는 가방 속에서 하얀 봉투를 꺼내어 엄마 앞에 내미셨습니다. 엄마는 봉투를 할머니 가방 쪽으로 밀어내면서 받지 않으려고 했습니다.

"아니에요, 어머니. 시골에서 오시느라 차비도 꽤 드셨을 텐데……."

"아니다. 받아 둬라. 이게 얼마나 된다고……."

"아니에요, 어머니. 넣어 두세요."

할머니와 엄마가 봉투를 사이에 두고 씨름을 하시는 동안 돌잔치에 초대받은 사람들이 모여들었습니다. 결국 엄마는 봉투를 손

가방 속에 넣어야 했습니다.

　우리 가족은 돌잔치에 오신 손님들께 인사를 드렸습니다. 민수도 자신의 생일을 축하해 주기 위해 사람들이 모인 걸 아는지 방긋방긋 웃어서 귀여움을 독차지했어요.

　잠시 후 민수의 돌잡이가 시작되었습니다. 돌상에는 실, 돈, 연필, 마이크, 장난감 총이 있었습니다. 모두들 민수가 무엇을 잡을지 궁금해 했습니다.

　"정민수 군의 돌잔치에 와 주신 여러분께 대단히 감사드립니다. 오늘 정민수 군이 첫 번째 생일을 맞이하여 돌상 앞에 앉았네요. 여러분께서도 정민수 군이 무엇을 집을까 많이 궁금하시죠? 그럼 정민수 군이 앞으로 어떤 인물이 될지 한번 지켜봅시다."

　할머니께서 민수를 돌상 앞에 가까이 앉히시자 민수는 까르르 웃더니 실을 덥석 들어 입으로 가져갔습니다. 할머니는 얼른 실을 빼앗아 들었습니다. 아빠, 엄마는 약간 서운한 얼굴이었습니다.

　"정민수 군이 실을 잡았네요. 요즘처럼 험한 세상에 오래 사는 것도 힘든 일 아니겠습니까? 정민수 군이 별 탈 없이 행복하게 살 거라는 생각이 드는군요. 자, 다들 큰 박수 보내 주세요."

사회자의 말이 끝나자 사람들은 박수를 쳤습니다. 아빠, 엄마는 사람들을 향해 인사를 하고 민수는 여전히 방긋방긋 웃었습니다.

나는 돌상 위에 놓아져 있던 장난감 총을 집어 들었습니다. 방아쇠 부분을 누르면 램프가 반짝이면서 삐요삐요 소리가 나는 총이었어요. 왜 생일을 축하하는 상 위에 이런 게 놓이는지 모르겠지만 장난감 총이 은근슬쩍 내 몫이 되어 기분이 좋았어요.

엄마는 민수가 실을 잡은 것이 계속 마음에 걸렸는지 민수를 보며 약간 나무라듯 말씀하셨습니다.

"잡을 것도 많은데 왜 하필이면 실이니? 하다못해 마이크라도 집으면 좋잖아."

"실이 뭐 어때서 그래요? 건강하게 오래 살면 좋은 거지. 안 그러니, 연수야?"

"맞아요, 아빠. 근데 저는 돌잔치 때 뭘 잡았어요?"

"응, 너는 말이야. 하하하. 남들이 잡지 않는 사과를 잡았어. 두 손으로 잡기도 힘든 사과를 얼마나 애 쓰면서 잡던지, 내가 그 때만 생각하면 자다가도 웃음이 난다니까. 하하하."

"별난 아들을 둬서 그렇죠, 뭐. 다른 건 아무리 쥐어 줘도 내팽개쳐서 돌잡이를 할 수가 없었다니까. 이제는 기대했던 둘째 아들이 실을 잡았으니 엄마는 셋째 아들한테 기대를 걸어야겠다."

"엄마, 동생이 또 생겨요?"

"아니야, 엄마가 농담 좀 했어. 하하하."

"어멈아, 이참에 셋째를 낳는 건 어떻겠냐?"

"어머니, 한 번 생각해 볼게요."

우리 가족은 서로를 보며 웃었습니다. 웃음 속에 민수의 돌잔치는 잘 끝났습니다. 아빠, 엄마는 돌잔치를 마무리하시느라 힘드셨는지 일요일에도 내내 주무셨지만 나는 할머니가 계셔서 하나도 지루하지 않았어요.

다음 날 유치원에 다녀와서 보니 할머니께서는 시골로 내려가셨고, 엄마와 민수만 집에 있었습니다. 엄마는 무슨 즐거운 일이 있는 사람처럼 굉장히 들떠 보였습니다.

"엄마, 무슨 좋은 일 있어요?"

"응, 아주 좋은 일이 있지."

"그게 뭔데요?"

"비밀!"

"그 비밀이 뭔데요? 저도 알고 싶어요."

"연수야, 지금보다 더 넓은 집으로 이사 가면 좋을 거 같니?"

"네, 좋아요."

"그래, 우리 며칠만 더 있으면 좋은 집으로 이사 가게 될 거야."

"와! 신난다. 넓은 집으로 가면 민수랑 신나게 놀아야지."

"우리 아빠한테도 이 사실을 알려 드릴까?"

"네, 엄마가 빨리 전화해서 알려 주세요."

엄마는 곧 아빠께 전화를 걸었습니다. 나는 민수와 자동차 놀이를 했습니다. 아빠가 전화를 받으셨는지 엄마는 얼른 이야기를 시작했습니다.

"여보, 우리 주택 청약에 당첨됐어요. 진짜 꿈만 같아요. 당신 언제쯤 들어올 거예요? 되도록 빨리 들어오세요."

저편에서 아빠가 뭐라고 말씀하시는지 엄마는 잠깐 전화기에 귀를 기울였습니다. 그러다가 다시 엄마의 들뜬 목소리가 들려오기 시작했습니다.

"이번 주 안으로 집을 보면 된대요. 우리 내일 가서 직접 구경해 봐요."

엄마는 전화를 끊고 나서도 내내 기분이 좋은 듯했어요. 내가 민수를 돌보고 있는 사이에도 계속 콧노래를 부르면서 요리를 했거든요.

오늘따라 유난히 일찍 퇴근하신 아빠도 옷을 갈아입고 씻으면서 콧노래를 부르셨습니다. 아빠랑 같이 씻느라 욕실에 있었는데 나까지 신이 나서 아빠를 따라 흥얼거렸어요.

아침이 되고 아빠, 엄마는 나를 유치원에 데려다 주었습니다. 온 가족이 다 같이 유치원에 온 것은 처음 있는 일이에요. 엄마는 곧바로 우리가 살 집에 가 볼 거라고 했습니다. 나도 같이 가고 싶었지만 떼를 쓰기 싫어서 민수에게 손을 흔들었습니다. 민수가 아직 손을 흔들어 인사를 하지 못하기 때문에 엄마가 민수의 손을 잡고 흔들어 주었습니다.

나는 유치원으로 들어와 선생님께 인사를 하고, 친구들과 놀았습니다. 날마다 친구들과 노래를 부르고 춤을 추는 것이 즐거워서 나는 새 집에 대한 생각을 잠시 잊고 있었어요.

블록 쌓기를 하고 있을 때였습니다. 갑자기 선생님께서 나를 부르셨습니다.

"연수야, 얼른 가방 챙겨라. 삼촌께서 데리러 오실 거야."

나는 영문도 모른 채 가방을 챙겼습니다. 선생님과 유치원 정문

앞으로 가니 삼촌이 차에서 내렸습니다. 나는 삼촌이 왜 오셨을까 궁금한 마음에 선생님께 인사도 제대로 못 드리고 삼촌 차에 올라 탔습니다.

"삼촌, 우리 어디 가요?"

"응, 병원에."

"왜요?"

삼촌은 내 질문에 대답하지 않았습니다. 잠시 후에 우리는 병원에 도착했습니다. 나는 병원 복도 의자에 앉아 있었어요. 삼촌은 어디론가 들어가 한참을 있다 나오더니 울먹이는 목소리로 말했습니다.

"연수야, 아빠랑 엄마랑 민수가 하늘나라에 갔대."

나는 삼촌이 무슨 말을 하는지 알아들을 수가 없었습니다. 아침에 나를 유치원에 데려다 주고 손까지 흔들어 주었는데 그럴 리가요. 삼촌은 지금 거짓말을 하고 있는 것이 분명합니다.

2 삼촌과 한 가족이 되다

병원 지하에 마련된 장례식장은 어둡고 서늘했습니다. 거기에는 우리 가족 말고도 몇 명의 영정 사진이 더 있었습니다. 나는 영안실 안을 가득 채운 향내가 매워 계속 눈물을 흘렸습니다.

장례식 내내 삼촌은 장례식장에 찾아오는 사람들의 음식을 주문하고 그 사람들과 인사를 나누었습니다. 그러다가 밤늦은 시간 찾아오는 사람들의 발걸음이 뜸할 때면 낯익은 사람들과 음식을 앞에 두고 앉아 이야기를 했어요.

나는 할머니의 손에 이끌려 사람들에게 인사도 하고 밥도 먹고 잠도 잤습니다. 때때로 할머니는 아빠, 엄마, 민수의 영정 사진을 앞에 두고 하염없이 눈물을 흘렸습니다. 그럴 때면 나도 덩달아 눈물이 나서 그만 큰 소리로 울고 말았어요.

"아범아, 어멈아. 이런 어린 것을 두고 가면 어쩌라는 거냐? 아이고, 민수 돌 사진이 영정 사진으로 쓰일 줄 누가 알았을까? 아이고."

그때 나는 민수의 돌잔치가 떠올랐습니다. 민수는 분명 실을 잡았는데, 왜 하늘나라로 간 것일까요? 분명히 사회자 아저씨가 실을 잡은 사람은 별 탈 없이 오래 산다고 했는데…….

장례식이 끝나고 나는 삼촌의 손에 맡겨졌습니다. 할머니 댁은 학교가 별로 없는 시골인데다가 할머니 혼자서는 힘에 부쳐 나를 키우기가 힘들다는 이유에서였습니다.

삼촌은 하루아침에 일곱 살짜리의 아빠가 되어 버렸습니다. 우리는 이사 갈 아파트를 팔아서 조그만 아파트로 이사를 했습니다.

나는 모든 것이 낯설었어요. 새 집에서 아빠, 엄마, 민수가 아닌 삼촌과 지낸다는 것이 너무 어색했습니다. 그래서 나는 거의 매일

밤, 악몽을 꾸며 흐느껴 울었습니다. 삼촌은 우는 나를 달래 주고 꼭 안아 주었습니다. 그러면 나는 따뜻한 품이 좋아 또 잠이 들었어요.

아침이면 삼촌은 간단하게 아침 식사를 준비해서 나와 마주 앉아 밥을 먹었습니다. 어느 날 아침에는 접시에 하트 모양의 달걀 프라이가 놓여 있었는데, 나는 신기해서 젓가락을 든 채 구경만 했어요.

"와, 삼촌. 이거 어떻게 만든 거예요?"

"응, 네가 좋아할 거 같아서 하트 모양으로 생긴 프라이팬을 샀어. 어때? 예쁘니?"

"네, 정말 예뻐요."

식사가 끝나면 삼촌은 늘 유치원 앞에 나를 내려 주고 출근을 했습니다. 또 저녁이 되면 어김없이 나를 데리러 유치원 앞에 왔습니다.

이렇게 지내기를 한 달, 두 달, 일 년, 이 년 하다 보니 나와 삼촌은 어느새 진짜 가족이 된 것 같았습니다. 우리는 마치 아빠와 아들처럼 똑같은 자세로 텔레비전을 보고, 목욕탕에서 서로의 등을 밀어주고, 놀이동산에 놀러 가기도 했습니다.

어쩌다 내가 미술관에 가면 삼촌은 다른 사람들에게 나를 아들이라고 소개했어요.

"얘가 우리 아들 연수야. 나 닮아 똘망똘망하게 생겼지?"

"누가 들으면 진짜 아빠 줄 알겠어요. 연수야, 안녕? 나는 삼촌이랑 같이 일하는 아줌마야. 만나서 반가워."

"안녕하세요?"

"연수야, 이 아줌마 어때? 이 아줌마가 너랑 친하게 지내고 싶다는데, 연수도 좋아?"

"네, 좋아요."

"녀석, 날 닮아서 예쁜 사람을 좋아한다니까."

그 날 저녁 삼촌은 낮에 봤던 아줌마와 결혼을 할 거라고 했습니다.

"연수야, 삼촌이 그 아줌마와 결혼하면 연수는 엄마가 생기는 거야. 나중에는 동생이 생길 수도 있고. 연수는 삼촌이 결혼하는 거 어떻게 생각해?"

나는 삼촌의 말에 선뜻 대답을 할 수가 없었습니다. 삼촌이 내가 모르는 아줌마와 결혼을 한다는 것이 왠지 조금은 슬프고 허전한 생각이 들었어요. 하지만 나는 삼촌이 행복해 보여서 좋다고 얘기했습니다.

결혼식을 한 달 앞둔 밤이었습니다. 이상하게도 삼촌이 늦게까지 들어오지 않았습니다. 나는 삼촌을 기다리다 잠이 들었는데, 쿵쾅거리는 소리에 놀라 잠에서 깼습니다.

일어나서 거실로 나갔더니 삼촌이 비틀비틀 대면서 집 안으로 들어오고 있었습니다. 나는 삼촌이 술에 취한 모습을 처음 보았기 때문에 어찌해야 할지 몰랐어요. 삼촌은 내 얼굴을 한참 쳐다보다가 아무 말도 하지 않고 방으로 들어갔습니다.

다음 날 삼촌은 나를 데리고 분식집에 갔습니다. 나와 삼촌은 떡볶이와 순대를 엄청 좋아하기 때문에 분식집의 단골손님이 되었습니다.

"연수 왔구나. 오늘도 떡볶이랑 순대 줄까?"

"네, 많이 주세요."

"오냐, 아줌마가 산더미처럼 쌓아 줄게."

"네, 고맙습니다."

아주머니는 산더미 정도는 아니지만 푸짐하게 떡볶이를 퍼 주었습니다. 나는 맛있어 보이는 떡볶이와 순대를 보고 흐뭇해졌어요. 그러나 삼촌은 웬일인지 음식에는 관심이 없고 내 얼굴만 쳐다보았습니다.

"삼촌, 왜 안 먹어?"

"응, 배불러서⋯⋯."

"아침도 안 먹었잖아요. 근데 배불러?"

"연수야⋯⋯."

"네."

"이제 곧 방학이니까 잠깐만 할머니 댁에 가 있을래? 삼촌이 방학 끝나기 전에 데리러 갈게."

"삼촌 어디 가요?"

"아니, 안 가. 삼촌이 바빠서 연수랑 같이 있지 못 할 거 같아서 그래. 학교가 방학을 하면 집에서 혼자 심심할 텐데, 할머니랑 재밌게 보내고 있어."

이렇게 해서 나는 할머니 댁으로 가게 되었습니다. 삼촌과 오랫동안 떨어져 있는 것은 싫었으나 할머니와 지내는 것도 즐거웠습니다.

할머니는 소 한 마리를 키우면서 텃밭을 가꾸는 일을 하셨습니다. 나는 할머니가 만드신 소 먹이를 먹이통까지 나르거나 텃밭의 잡초를 뽑았습니다.

할머니께서 사시는 마을에는 특별한 놀이 시설이 없었어요. 그래도 나는 텃밭이나 강가에서 신나게 놀았습니다. 한나절, 온 마을을 뛰어다니며 놀다보면 밤이 되기도 전에 잠이 들었고, 아침 해가 환하게 뜰 때에야 일어났습니다.

나는 아빠, 엄마, 민수와 강가에서 물장난하는 꿈을 꾸었습니다. 꿈이었지만 참 행복했어요. 잠시 후에 가족들이 나만 남기고 모두 사라져 버려서 나는 울다가 잠에서 깨어났습니다.

그런데 옆에 누워 계셔야 할 할머니의 모습이 보이지 않았습니다. 나는 할머니를 찾으러 밖으로 나가 보았습니다. 할머니는 마당 한 쪽에 무릎을 꿇고 앉아 무어라고 중얼거리셨습니다. 나는 할머니가 무엇을 하시는지 궁금해서 할머니 곁으로 다가갔어요.

할머니 앞에는 물그릇이 놓인 작은 상이 있었습니다. 할머니는 인기척을 느끼셨는지 나를 바라보셨습니다. 기도를 하시던 할머니의 손이 나를 감싸 안았습니다.

"연수야, 이제 이 할미랑 사는 거다. 인호도 지 갈 길 가야 되지 않겠니? 맘에 맞는 사람 만나서 결혼도 해야지."

"그럼, 삼촌은 이제 안 와?"

"그래, 연수는 이 할미랑 오순도순 살 거야."

할머니는 앞으로 내가 시골에서 지낼 거라고 하셨으나 나는 날마다 삼촌을 기다렸습니다. 나는 혹시나 삼촌이 올까 봐 멀리 나가지도 않고 집 근처에서 놀았습니다.

일주일만 지나면 개학을 하는데 여전히 삼촌의 모습은 보이지 않았습니다. 그래도 매일 마당에 앉아 삼촌을 기다리고 또 기다렸습니다.

"연수야!"

나는 삼촌의 목소리에 깜짝 놀랐습니다.

"삼촌!"

"잘 지냈어? 그 사이 더 큰 거 같네. 어디 안아 보자."

나는 삼촌의 품에 얼른 안겼습니다. 삼촌의 목소리를 들으셨는지 할머니께서도 마당으로 나오셨습니다.

"어쩐 일이냐?"

"어쩐 일은요. 연수 데리러 왔죠."

"결혼은 어떡하고?"

"잘 해결됐어요. 이제 연수랑 둘이서 행복하게 지낼 거예요."

삼촌의 말에 할머니의 낯빛이 흐려졌습니다.

"삼촌. 그 아줌마는 같이 안 살아?"

"응, 예전처럼 삼촌이랑 연수랑 둘이서만 살 거야. 이제부터 연수는 진짜 삼촌 아들이 될 거거든."

"인호야, 그게 무슨 소리냐?"

"서울 올라가면 연수를 제 아들로 입양할 거예요. 미리 말씀드리지 못해서 죄송해요, 어머니. 저도 생각 많이 하고 결정한 거니까 그렇게 따라 주세요."

할머니께서는 아무 말씀도 못하시고 한숨만 쉬셨습니다. 그리고 나는 삼촌의 진짜 아들이 되어 새 학기를 맞이했습니다.

3 문화와 상징형식

오늘은 우리 가족들 제사가 있는 날입니다. 나와 삼촌은 제사 준비로 정신이 없었어요. 삼촌은 우리 집 요리사지만 제사 음식은 늘 만들어 먹는 것이 아니라서 준비가 서투를 수밖에 없지요. 나도 그릇을 닦고 음식을 담아 상에 올려놓지만 책을 보면서 하는데도 불구하고 제자리를 못 찾기가 일쑤입니다.

제사를 무사히 마치고 나면 즐거운 식사 시간이 우리를 기다립니다. 나와 삼촌은 상을 대충 정리하고 앉아 식사를 했어요.

"아, 질겨. 이번엔 나물들이 너무 맛이 없어요. 아빠가 드시면서 엄청 투덜댔겠다."

"그러게 말이야. 너무 뻣뻣하다."

"그래도 민수는 좋아했을 거예요. 사과가 달콤하잖아요."

나와 삼촌은 이제 제사상의 음식들을 먹으면서 아빠, 엄마, 민수의 입맛을 챙길 수 있을 만큼 마음이 여유로워졌습니다. 예전에는 가족들의 죽음을 믿기도 어려웠는데 말이에요.

"삼촌, 장례식 때 기억나세요?"

"그럼, 기억나지. 그때만 생각하면 지금도 정신이 아찔해. 갑자기 당한 일이라 겨우 하기는 했지만 저 세상으로 떠나는 사람들이 불편한 게 있을까 봐 얼마나 걱정했는지 몰라."

"저는 장례식보다 민수 돌잡이한 게 더 많이 기억나요. 민수가 실을 집어서 엄마가 좀 서운해 했었는데 ……."

"그래? 민수가 돌잡이 때 실을 잡았었구나."

"삼촌, 돌잔치에서 돌잡이는 왜 하는 거예요?"

"응, 돌잡이는 아이의 미래를 알아보기 위해서 하는 건데, 돌상 앞에 앉은 아이가 무엇을 잡느냐에 따라 커서 어떤 일을 할지 예상해 보는 거란다."

나는 돌상에 놓인 물건들을 떠올려 보았습니다. 민수가 잡은 실이랑 돈, 연필, 마이크, 장난감 총이 있었던 기억이 나네요. 돌잡이를 할 때는 몰랐었는데 지금은 그 물건들이 무엇을 의미하는지 알 것 같아요. 아마도 돈은 부자를, 연필은 학자를, 마이크는 가수를, 장난감 총은 군인이나 경찰이 되라는 의미 아닐까요?

"그리고 궁금한 게 또 있어요. 할머니 댁에 있을 때 할머니께서 작은 상 위에다 물그릇을 올려놓고 기도드리는 것을 보았는데 할머니는 무슨 종교가 있으신 거예요?"

"그걸 우리나라에서는 민간신앙이라고 불러. 새벽에 우물물을 길어 신에게 비는 거지. 주로 가족들이 잘 되길 바라면서 기도를 드리는 거야."

"아, 그렇구나."

"연수야, 사람은 말이야. 오랜 세월 살아오면서 그 나라, 그 마을 나름대로 문화를 형성했어. 여기서 문화는 물질적이든 정신적이든 모두 인간이 창조적으로 만들었단다."

"돌잔치나 장례식, 결혼식 등을 모두 문화라고 할 수 있어요?"

"그렇지. 옛날에는 돌이 되기 전에 죽는 아이들이 많았기 때문에 첫 생일은 뜻 깊은 날이었어. 그래서 사람들은 돌잔치를 크게

열어 아이의 미래를 축하해 주는 거야. 장례식이나 결혼식도 마찬가지지. 죽은 사람과 산 사람 모두를 위로하는 의미에서 장례식이 있는 것이고, 서로 다르게 살아오던 두 사람이 하나가 되는 것을 축복하는 의미에서 결혼식이 있는 거야."

"삼촌, 그냥 위로해 주거나 축하해 주면 되잖아요? 왜 꼭 형식을 만들어서 해요?"

"인간은 모든 사물이나 상황을 정신적으로 표현하여 상징형식을 만든단다. 다시 말해서 어떤 사물을 보거나 상황을 경험하다 보면 마음에서 우러나는 생각이나 감정이 반복되면서 특유의 형태를 만들어내게 되는 거야."

"아, 그 특유의 형태가 상징형식이고, 곧 문화라는 거구나."

삼촌은 결혼식에서 촛불을 켜는 것은 두 사람의 앞날이 환하게 빛나기를 바라는 사람들의 마음을 반영한 형식이라고 설명했습니다. 사람들의 경험이 반복되고 반복되어 촛불을 켜는 것이 결혼식의 일부 형식이 된 거라는 말이지요.

"문화철학자인 '에른스트 카시러'라는 사람은 '문화는 곧 상징형식이다'라고 말했단다. 인간이 만들어낸 학문, 예술, 종교, 도덕, 경제 등은 모두 상징형식들이라는 거야."

삼촌의 말씀대로라면 나와 삼촌뿐만 아니라 모든 사람들은 문화를 함께 하고 또 새로운 문화를 만들어 갈 것입니다. 내가 어른이 되었을 때는 에른스트 카시러가 얘기한 상징형식의 종류가 훨씬 더 많이 있을지도 몰라요.

앞으로 어떤 상징형식들이 생겨날지는 모르지만 분명한 것은 그 상징형식들 속에는 우리의 간절한 마음이 담겨 있다는 것이겠지요?

문화철학

21세기를 살고 있는 우리들은 과거 어느 때보다도 문화에 커다란 관심을 가지고 있어요. 왜냐하면 현대인은 너무나 물질 중심적이면서 본능 중심적인 자신을 분명하게 볼 수 있기 때문이죠.

현대인은 마치 욕망을 만들어내는 기계와 같아서 끊임없이 욕망만을 충족시키려고 해요. 그리고 인간과 삶의 의미를 까맣게 잊어버린 채 마치 짐승처럼 수단과 방법을 가리지 않고 오로지 욕망만 채우려고 하죠. 이와 같은 시점에서 에른스트 카시러(1874~1945)의 문화철학은 우리들에게 인간이 가진 참다운 의미를 일깨워 준답니다.

카시러는 누구일까요?

카시러가 어떤 삶을 살아왔는지 살펴볼게요. 카시러는 1874년 7월 28일 브레슬라우에서 태어나 1945년 4월 13일 뉴욕의 콜롬비아 대학

캠퍼스에서 갑자기 심장마비로 사망했어요. 카시러는 히틀러의 집권을 피해 독일에서 영국으로 그리고 다시 스웨덴으로 망명을 갔어요. 그리고 마지막에는 미국에 정착하는 떠돌이 생활을 해야만 했어요. 철학적으로 카시러는 신 칸트학자의 헤르만 코헨을 스승으로 모셨지만 궁극적으로 그는 자신의 독자적인 문화철학을 만들게 되었답니다.

카시러는 1933년 히틀러의 나치가 유태인 박해를 강화하자 영국으로 망명하여 옥스퍼드의 올 소울즈 칼리지에서 가르쳤고 그 후 스웨덴의 괴테보르크 대학의 교수가 되었어요. 카시러는 1941년 미국의 예일 대학에서 학생들을 가르치다가 콜롬비아 대학으로 옮겼어요.

카시러는 《근대의 철학과 학문에 있어서 인식의 문제》 3권, 《실체개념과 기능개념, 인식비판의 근본문제에 대한 탐구》, 《상징형식의 철학》, 《언어와 신화》, 《르네상스철학에서 개체와 우주》, 《문화과학의 논리에 대하여》, 《인간이란 무엇인가》, 《국가의 신화》 등을 포함하여 수없이 많은 책과 논문, 평론을 집필했는데 그것들을 모두 합치면 125편이에요.

카시러와 문화철학

카시러는 20세기 초반 철학적 관념론의 입장에서 문화철학과 생철학을 대변하는 대표적인 사상가랍니다. 많은 사상가들은 '인간은 ○○○ 이다'라고 정의를 했어요. 카시러 또한 다른 사상가들처럼 인간에 대해 정의를 내렸는데 바로 '상징하는 동물'이라고 했지요. 그리고 상징이 실현되어서 우리가 누리고 있는 것들이 바로 '문화'이고요.

다시 정리해 보면 인간은 문화를 만들어내는 동물이며, 상징으로 문화를 만들어요. 우리들이 가지고 있는 모든 사상, 상상, 경험의 형식들이 바로 상징이에요. 인간은 역사발달단계에 따라서 자유롭게 상징형식들을 만들면서 문화를 형성하는 것이에요.

카시러에 의하면 상징형식은 표현기능과 직관기능과 의미기능을 가져요. 상징형식은 쉽게 말해서 문화형식이라고도 말할 수 있어요. 문화형식들로는 신화나 종교, 언어, 예술, 역사, 경제, 도덕, 과학 등 문화의 모든 구성요소들이 있어요.

특히 현대의 국가는 여론의 교묘한 속임수와 관계 맺어 정치적 신화를 가졌어요. 카시러는 잘못된 정치적 신화 때문에 히틀러의 독재와 같

은 위험이 초래하였다고 했어요. 그러므로 카시러는 의미와 가치가 있

는 문화를 창조할 수 있는 인간의 정신적 자유를 강조했답니다.

2

인간이란 무엇인가

 보다 높고 보다 참된 음성을 듣기 위하여 인간은 자기 자신을
잠잠케 하지 않으면 안 된다.

— 에른스트 카시러

1 삼촌이 좋아하는 사람은 누구일까?

"삼촌, 방에서 뭐해? 이러다가 지각하겠어요."

"응, 금방 나갈게."

오늘따라 삼촌이 늦장을 부리네요. 평소와 달리 오늘 아침에는 일찍 일어났는데 삼촌은 뭘 하는지 도무지 방에서 나오지를 않습니다.

"삼촌, 왜 이제 나와요? 서두르지 않으면 지각하겠어요."

"그래, 얼른 나가자. 근데 삼촌 오늘 어떠니?"

"뭐가요?"

"좀 멋져 보이지 않아?"

"음······."

나는 삼촌의 머리부터 발끝까지 유심히 살펴보았습니다.

"어디가 멋있어졌는지는 모르겠지만······. 삼촌, 양말 신고 나오세요."

"어, 참. 양말 신어야지."

삼촌은 허둥지둥 방에 들어가서 양말을 신고 나왔습니다. 아무래도 지각은 면하지 못할 것 같습니다.

차 안에서 나는 삼촌을 다시 한 번 살펴보았습니다. 그러고 보니 머리도 평소보다 단정하고 와이셔츠와 넥타이 색을 잘 맞추어 여기저기 신경을 좀 쓴 것 같은 티가 나네요.

"삼촌, 오늘 어디 가요?"

"응?"

"자세히 보니까 조금 멋있어진 것도 같아요."

"그래?"

삼촌은 갑자기 얼굴이 발개지더니 헛기침을 했습니다. 나는 삼촌의 태도가 영 이상하다는 생각이 들었습니다.

"삼촌, 오늘 좀 수상해. 뭔가 있어."

"수상하긴 뭐가 수상해. 학교 다 왔다. 얼른 내려."

나는 무슨 일인지 캐내고 싶었지만 삼촌이 지각할까 봐 잠시 참기로 했습니다. 아, 저녁때까지 궁금해서 어떻게 참지요?

참고 참고 또 참고, 기다리고 기다리던 저녁이 되었습니다. 나는 삼촌이 집안일을 들먹이며 내 질문을 피할 것 같아서 청소에 저녁 준비까지 해 두었습니다. 이제는 어떤 핑계로도 내 궁금증을 막을 수 없을 거예요.

그러나 문제는 다른 데 있었습니다. 퇴근할 때가 한참 지났는데 삼촌이 들어오지 않는다는 거예요. 아침에 늦는다는 말도 없었는데 왜 아직도 안 올까요?

마침내 초인종이 울리고 삼촌이 들어왔습니다. 나는 여느 때보다도 더 반갑게 삼촌을 맞이했습니다.

"삼촌, 왜 이제 오세요? 삼촌이 오기를 얼마나 기다렸는데요."

"미안. 삼촌이 좀 늦었지? 집에 무슨 일 있었니?"

"아뇨. 삼촌이 보고 싶어서 애타게 기다렸어요."

"갑자기 징그럽게 보고 싶기는. 다음 주부터 새 전시회가 열려서 같이 작업할 사람을 만나느라고 좀 늦었어."

"그럼, 새 전시회 준비 때문에 그렇게 신경 쓰고 나간 거예요? 난 또 특별한 일이 있는 줄 알았네."

나는 하루 종일 궁금해 했던 게 억울해져서 입을 삐죽거렸습니다. 저녁 식사 당번인 삼촌 대신 저녁도 준비했는데 아무 일도 없다니요. 시작만 거창하고 흐지부지 끝난 영화를 본 것만 같은 기분이었습니다.

내가 삐죽거리고 있는 사이 삼촌은 식탁에 저녁 식사를 차렸습니다. 부엌에서는 보글보글 맛있는 냄새가 퍼지고 있었습니다.

"와! 내가 늦게 들어온다고 저녁 식사까지 준비한 거야? 이거 아들 키우는 보람이 있네."

우리는 저녁 식사를 맛있게 먹었습니다. 저녁을 먹다 보니 어느새 억울했던 마음이 풀렸습니다.

"연수야, 너 학교에서 좋아하는 여자애 있니?"

"아뇨. 예쁘고 공부 잘하는 친구들이 있긴 하지만 아직 마음에 드는 애는 없어요."

"너는 어떤 여자 친구가 좋은데?"

"음, 좀 복잡해요. 성격 활발하고, 귀엽게 생기고, 공부는 조금만 못하고 아는 것은 많은 친구가 좋아요."

"어이쿠. 그런 애가 세상에 있겠니? 누굴 닮아 그렇게 이상형이 복잡하니?"

"누굴 닮긴 누굴 닮아요. 삼촌 닮아서 그렇지."

"난 그냥 착한 사람이기만 하면 되는데……."

"에이, 거짓말."

삼촌은 내가 놀리는 말을 하자 살짝 꿀밤을 놓더니 잠시 무엇인가를 생각하는 듯했습니다. 나는 그 모습을 바라보다가 번쩍 생각이 떠올랐어요.

"삼촌, 좋아하는 사람 있죠?"

"뭐? 좋아하는 사람?"

"오늘 전시회 때문에 만난 사람이 여자죠?"

삼촌은 내 질문에 놀란 표정을 지었습니다.

"그걸 어떻게 알았어?"

"다 티가 나잖아요. 오늘따라 유난히 외모에 신경 쓰고, 연락도 없이 늦게 들어오고, 나한테 좋아하는 사람이 있냐고 물어보고, 이랬는데도 모르는 사람이 누가 있어요?"

"녀석. 정말 대단한데! 명탐정 코난이 따로 없어."

"예쁘게 생겼어요? 나이는 몇 살이에요? 그 사람은 무슨 일을 하는데요?"

"쑥스럽게 뭘 물어보니? 아직 좋아하고 그런 거 아니야."

"기왕 들킨 거 얘기해 주세요, 삼촌. 하루 종일 궁금해서 죽을 뻔했어요."

삼촌은 머리를 긁적이며 나를 쳐다보았습니다. 나는 꼭 알아내고야 말겠다는 각오로 삼촌에게서 눈길을 떼지 않았어요. 삼촌은 마지못해 말한다는 투로 이야기를 꺼냈습니다.

"그냥 전시회 일로 만난 사진작가야. 전시회 안내 책자에 들어갈 사진 때문에 몇 번 만났어."

"첫눈에 반했어요? 어떤 점이 좋아요?"

"요, 쪼그만 녀석이 별 거 다 묻네. 아직 좋아하는 사이는 아니라니까. 워낙 미인인데다가 성격이 활발하고 친절해서 누구나 다 좋아할 만한 사람이야. 혹시 남자 친구가 있을지도 모르지, 뭐."

"치, 아까는 착한 사람이면 된다더니 삼촌도 이상형이 복잡하잖아요. 예쁘고 성격이 활발하고 친절하고……."

"원래 이상형이라는 건 다 그런 거야. 자기가 마음속으로 바라는 건데 아무려면 어때."

"삼촌은 거짓말쟁이."

나와 삼촌은 한참을 마주 보며 웃다가 설거지를 하고 텔레비전을 본 후 잠이 들었습니다. 나는 궁금증에 시달리느라 피곤해서인지 금세 잠이 들었습니다. 그러나 삼촌은 일찍 잠들 수 있었을까요? 아마도 그러지 못했을 것 같습니다.

2 인간은 상징하는 동물

일요일 아침입니다. 삼촌이 일하는 미술관은 휴일에 더 바쁩니다. 때문에 삼촌은 아침 일찍 서둘러 출근을 했습니다. 나는 설거지를 하고 집안을 대충 정리했습니다.

삼촌과 일요일을 함께 보내는 일은 한 달에 한두 번 정도입니다. 삼촌이 일요일에 출근을 하면 나는 집에서 숙제를 하고 텔레비전도 봅니다. 책을 읽기도 해요. 가끔씩은 친구들을 만나서 놀기도 하지만 대개는 혼자서 시간을 보내는 일이 많지요. 친구들은 일요일이면 가족들과 친척집에 가거나 여행을 가는 일이 거의 대부분이거든요.

오늘은 무엇을 하며 하루를 보낼까 고민하고 있는데 전화벨이 울렸습니다.

"여보세요, 연수네 집입니다."

"연수야, 삼촌이야."

"네, 삼촌."

"뭐하고 있었니?"

"그냥 책을 읽을까 오락을 할까 고민하고 있었어요."

"심심하면 미술관에 올래? 오늘은 휴일인데도 한가하네. 삼촌이 이번 전시회 구경시켜 줄게."

"네, 좋아요. 금방 갈게요."

나는 전화를 끊자마자 서둘러 나갈 준비를 했습니다. 일요일이라 심심하기도 했지만 나는 전시회에 가는 것을 좋아하는 편이에요. 그림이나 조각 작품들에 대해서 잘 알지는 못하지만 삼촌이 하나하나 설명을 해 주기 때문에 이해가 잘 되고 재미있거든요.

미술관에 도착해서 나는 삼촌에게 전화를 걸었습니다. 잠시 후 삼촌은 미술관 로비로 나를 데리러 왔습니다. 우리는 전시회가 열리는 2층의 전시실로 들어갔습니다.

"이번 전시회는 '인간이란 무엇인가' 라는 주제로 그린 그림들을 모아 놓은 것이야. 주제만 들으면 대단히 어려운 것처럼 들리지? 그러나 '인간이란 무엇인가' 라면 우리 자신에 대한 이야기니까 작가의 생각을 이해할 수 있을 거야."

삼촌을 따라 들어간 전시실에는 사람들이 꽤 있었습니다. 사람들은 삼촌의 안내를 받고 있는 나를 궁금하다는 듯 쳐다보았습니다. 그도 그럴 것이 직원에게 혼자 안내를 받고 있으니 궁금하기도 하겠지요. 나는 어쩐지 특별한 대우를 받는 것 같아 기분이 좋았습니다.

"이 그림들은 같은 화가가 그린 거예요?"

나는 일부러 삼촌이라고 부르지 않고 질문을 했습니다.

"응. 사람이 태어나서 죽을 때까지의 중요한 순간들을 그린 그림들이야. 사람이라면 누구나 다 이 그림 속의 모습들처럼 살아가지만 특이한 점은 그림의 시작과 끝이 어디인지 알기가 힘들다는 거지. 삶과 죽음이 반복되면서 이어져 어디까지가 한 사람의 인생인지 파악하기가 어려워."

"참 평범하면서도 신기한 그림이네요."

나는 이 그림 속에 몇 사람의 인생이 있을까 세어 보려고 노력했습니다. 하지만 세다 보면 자꾸 헷갈려서 그냥 다음 그림을 보기로 했어요.

"와! 이 그림에는 사람이 아니라 돼지가 있네요. 옷도 말끔하게 차려 입고 표정도 아주 점잖게 보이는데 얼굴만 돼지예요."

"이 그림은 인간의 속마음을 비판한 작품이란다. 사람들은 겉으로는 점잖은 척, 품위가 있는 척하면서 속으로는 자신의 욕심을 채우기에 바쁘지."

"돼지가 욕심이 많은 사람을 상징한다는 말은 들었는데, 돼지가 이 사실을 알면 기분이 나쁠 거 같아요."

"그럴지도 모르겠구나. 돼지가 살집이 많아서 그렇지 의외로 깨끗하고 예민한 동물인데 말이야."

나는 온통 돼지 머리를 한 사람들이 있는 그림을 살펴보았습니다. 어떤 그림에는 화려한 옷차림을 한 돼지여자가 장미 한 송이를 들고 있고, 또 다른 그림에는 '반대'나 '투쟁' 등의 단어가 쓰인 띠를 두른 돼지사람들이 있었습니다.

"인간과 동물은 어떤 차이점이 있을까요?"

"글쎄다. 인간은 동물과 달리 이성이나 자유의지가 있다는 것이 큰 차이점 아니겠니?"

"책에서 읽은 적이 있는데요, 인간과 동물의 차이는 질적인 것이 아니라 단지 양적인 차이래요. 인간이 복잡한 신경세포를 갖고 있기 때문에 다른 동물과 차이가 나는 것이지 이성이나 자유의지가 있기 때문은 아니래요."

"전에 말했던 '에른스트 카시러'라는 사람 기억나니? 카시러는 인간이 자기반성을 할 줄 아는 유일한 존재라고 주장했단다. 인간은 자기반성을 하면서 상징을 만들어내는 것이지."

"인간이 상징을 만들어내는 것도 모두 신경세포가 복잡하기 때문에 가능한 것이 아닐까요? 만약에 개나 원숭이가 인간의 신경세포만큼 복잡한 것을 가지고 있다면 개나 원숭이도 상징을 만들 수 있을지도 모르잖아요."

"카시러는 인간의 신경세포 작용이 단순하게 기계적으로 움직이는 게 아니라고 했어. 인간의 신경세포는 스스로 계속 새로운 것을 생각해 내는 능력을 가졌다고 생각했어. 즉 인간의 신경세포 작용은 본능적인 작용이 아니라 자기반성이나 사유를 가능하게 하는 질적인 작용이라는 거야. 이 그림들을 좀 보렴."

나는 삼촌이 가리키는 그림들을 보았습니다. 그 그림들에는 의자에 앉아 있거나 길을 거닐면서 생각에 잠긴 사람들이 그려져 있었습니다. 사람들의 표정은 제각각인데, 깊은 고민에 빠져 있는 것 같기도 하고 무언가 즐거운 생각을 하는 것 같기도 했어요.

"이 그림들을 그린 화가는 카시러의 사상에 큰 영향을 받았대. 카시러는 '인간이란 과연 어떤 존재인가' '어떻게 하면 인간다운 삶을 누릴 수 있는가'에 대해서 연구한 철학자로 유명하거든."

"이번 전시회의 주제와 관련이 깊네요. 조금 전에 카시러가 인간을 유일하게 자기 자신을 반성할 줄 아는 존재라고 했잖아요. 그래서 이 화가는 무언가를 고민하고 반성하는 사람들을 그렸나봐요."

"그래. 사람은 누구나 자기 자신에 대해서 반성을 하고 깨달음을 얻게 되지. 인간으로서 제대로 된 삶을 살고 있는지에 대해서 말이야. 카시러도 인간의 자기반성을 삶의 의미와 가치에 대한 반성이라고 정의했어."

"인간이 자기반성을 통해 상징을 만든다는 말은 대체 무슨 뜻이에요?"

"여기 있는 그림들이 좋은 예가 되겠구나. 미술도 인간이 만들

어낸 상징형식 중에 하나니까. 이 화가들은 인간의 탐욕적인 면이나 이기적인 면 등을 비판해서 그림을 그렸어. 이렇게 자기반성을 통한 정신적인 표현이 상징이라는 거야."

"그럼, 카시러가 말한 인간의 자기반성이란 개개인에게만 해당되는 것은 아니네요."

"그렇지. 자기반성은 역사와 사회에 관계되어 이루어지니까 개인의 일일뿐만 아니라 사회 전체, 세계 전체의 일이 되는 거야."

"아, 그렇구나. 결국은 '인간이란 무엇인가'에 대한 대답은 '인간은 상징하는 동물'이라는 거네요."

"그래, 맞아. 카시러는 인간은 상징하는 동물이라고 주장했단다. 역시 명탐정 코난답구나. 추리력이 대단한데. 아무리 생각해도 아들 하나는 잘 키웠어."

삼촌은 내 머리를 쓰다듬어 주었습니다. 은근슬쩍 우리 주변에서 우리의 대화를 엿듣던 사람들이 슬며시 웃음을 지었습니다. 그 사람들도 아마 전시회 작품들과 카시러에 대해서 많은 공부를 했을 거예요.

나는 에른스트 카시러가 아주 똑똑한 사람이라는 생각이 들었습니다. 인간이 무엇인가에 대해서 이야기를 하려면 인간과 관련

된 모든 것을 알아야 할 테니까요.

인간의 모든 문화 활동을 묶어서 상징형식이라고 하고, 인간은 상징하는 동물이라고 주장한 것은 정말 놀라운 일입니다. 또 다른 사람들에게 영향을 미쳐서 미술 작품과 같은 새로운 상징형식을 탄생하게 한 점도 대단한 일이지요.

나는 에른스트 카시러의 이름을 되새기며 나머지 그림들을 감상했습니다.

3 사진작가 누나를 만나다

"안녕하세요? 오랜만에 보네요."

나는 그림을 감상하다가 가까이에서 소리가 나는 것 같아 그 쪽으로 고개를 돌렸습니다. 삼촌도 무심코 고개를 돌려보았는지 그 사람을 알아보자마자 다급하게 인사를 건넸습니다.

"안녕하세요? 여기는 어쩐 일로……."

"네, 지나가던 길에 생각이 나서 잠깐 들렀어요. 전시회 일로 사진 작업을 했다고 관람료도 안 받던 걸요. 앞으로 자주 와서 봐야겠어요."

　나는 삼촌에게 인사를 건넨 사람이 사진작가라는 사실을 단번에 알 수 있었습니다. 사진 작업을 했다는 말을 들어서이기도 하지만 삼촌의 어색한 태도도 그렇고 커다란 사진 가방을 들고 있는 미인이라는 점 때문이기도 하지요.

　삼촌의 말 대로 사진작가 누나는 정말 누구나 좋아할 만한 사람인 것 같았습니다. 얼굴이 예쁜 건 둘째 치고 웃음기 가득한 표정으로 쾌활하게 말을 하니까 말이에요.

　"점심은 드셨어요?"

　"아, 아뇨. 곧 먹어야지요."

　삼촌은 평소와 달리 긴장한 듯 보였습니다. 용감한 자만이 미인을 얻는다는데 삼촌의 태도에는 용기는커녕 어색함이 철철 흘러넘치고 있었어요.

　나는 이때다 싶은 생각이 들었습니다. 삼촌이 저런 어색한 태도로 사진작가 누나를 그냥 보내게 할 수는 없었습니다.

　"안녕하세요? 저는 정연수예요. 삼촌이 말씀하셨던 대로 예쁜 누나네요."

"어머, 인호 씨 조카예요? 귀엽게 생겼네. 삼촌이 내 얘기를 했었어?

"아, 전에 사진 촬영하던 날 있잖아요. 퇴근이 늦어져서 수연 씨 만난 거 얘기한 적이 있거든요. 근데, 이 녀석 예쁜 누나가 뭐니?"

"그럼 뭐라고 불러요? 예쁜 누나, 남자 친구 있어요?"

"아니."

"그럼 예쁜 누나 맞잖아요. 결혼도 안 했고, 남자 친구도 없으니까 맞네요, 뭐."

야호! 일단은 성공입니다. 남자 친구가 없다는 사실을 확인했으니 이제는 삼촌만 용감해지면 되겠지요. 삼촌은 내가 중요한 정보를 알게 해 주었는데도 어찌된 일인지 표정이 밝지가 않습니다.

"하하하. 네 말이 맞다. 인호 씨, 조카가 인호 씨와 다르게 정말 귀엽네요."

"죄송합니다. 절대 버릇없는 녀석은 아닌데 오늘따라 실례되는 질문을 해서……."

"아니에요. 듣기 좋은데요, 뭘. 요즘 아줌마라는 소리를 자주 들었는데 예쁜 누나라는 말을 들으니까 십 년은 더 젊어진 것 같고 기분이 참 좋아요."

사진작가 누나는 웃는 얼굴로 나에게 고맙다는 말을 했습니다. 삼촌은 여전히 안절부절 어쩔 줄 모르고 있었어요. 이럴 때 내 탓을 해서라도 점심을 같이 먹자고 하면 얼마나 좋을까요? 우리 삼촌이 이렇게 쑥스러움을 잘 타는 사람인지 나는 오늘에야 알게 되었습니다.

"예쁜 누나. 우리 같이 점심 먹어요."

"그럴까? 인호 씨, 시간 괜찮으시죠?"

"네, 같이 나가시죠."

우리는 미술관 근처 피자집에서 점심을 먹었습니다. 내 생각을 해서인지 사진작가 누나는 오랜만에 피자가 먹고 싶다고 했습니다. 주문한 음식이 나오고 식사를 하는 동안 몇 마디 대화가 오고 가기는 했지만 날씨와 전시회에 관한 이야기가 끝나고 나니 어색한 침묵이 찾아왔어요.

"예쁜 누나, 카시러에 대해 아세요?"

나는 삼촌의 똑똑함을 보여 주기 위해서 카시러 얘기를 꺼냈습니다.

"문화철학자인 에른스트 카시러 말이니? 와, 초등학생이 카시러라는 이름도 알고 정말 대단하구나."

"다 삼촌 덕분이에요. 우리 삼촌은 카시러에 대해 모르는 게 없어요."

"인호 씨가 철학에도 관심이 있는 줄은 몰랐네요. 하기는 미술 전공을 하셨으니 철학에 관심이 많으셨겠네요."

"아닙니다. 그저 일부 철학자들만 공부했을 뿐이지 아는 것은 별로 없어요."

삼촌은 머리를 긁적이며 나를 쳐다보았습니다. 삼촌의 눈과 표정이 무엇을 의미하는지 알 것 같았지만 나는 일부러 모르는 체했습니다. 물어 보지 않아도 '너 오늘 따라 왜 그러는 거니?' 라는 말이겠지요.

"저는 카시러의 철학을 아주 좋아해요. 카시러가 주로 연구한 분야가 문화였던 데다가 카시러의 일생은 정말 열정적이거든요."

"열정적이라고요? 카시러가 어떻게 살았는데요?"

"카시러는 1874년 독일의 브레슬라우에서 태어난 유태인이야. 그래서 카시러는 평생 떠돌이 생활을 할 수밖에 없었어. 1933년 히틀러가 수상으로 취임하고 독일이 유태인 학살을 자행하면서 카시러는 자기 나라를 떠나 영국으로 망명했으니까."

"카시러는 영국에서 무엇을 하며 지냈어요?"

"응, 영국에 옥스퍼드 대학이 있어. 거기에서 철학을 가르쳤어. 하지만 얼마 후 스웨덴으로 건너가 괴테보르그 대학의 교수가 되었다가 미국의 예일 대학으로 옮겨 갔어. 결국은 미국의 콜럼비아 대학에서 심장 마비로 갑자기 세상을 떠났지."

사진작가 누나는 카시러가 정말 안됐다는 표정을 지었습니다. 나는 카시러가 떠돌이 생활을 했다는 것이 믿기지 않았어요. 어떻게 여기 저기 옮겨 다니면서 그 많은 연구를 할 수 있었을까요?

"카시러는 유태인이라는 이유로 정말 힘들게 살았네요."

"그렇단다. 하지만 카시러는 여기 저기 옮겨 다니는 생활을 하면서도 끊임없이 연구를 하고 글을 써서 책을 출간했어."

"그렇구나."

"오늘 우리 연수가 카시러에 대해서 박사가 되겠는 걸."

"다 예쁜 누나 덕분이에요."

"하하하."

여러 이야기를 나누다 보니 어느덧 테이블 위에는 빈 접시만 가득했습니다. 이 식사가 끝난 뒤에도 우리 삼촌은 사진작가 누나를 다시 만날 수 있을까요? 무언가 만날 수밖에 없는 일을 만들어야 할 텐데 좋은 생각이 떠오르질 않네요.

아! 좋은 생각이 떠올랐어요.

"예쁜 누나. 저 부탁이 있어요."

"뭔데?"

"저랑 삼촌 좀 찍어주세요. 네?"

"그래. 두 분이 포즈 좀 취해 주세요."

사진작가 누나는 가방에서 사진기를 꺼내 렌즈를 끼웠습니다. 나와 삼촌은 꼭 붙어 앉아 미소를 지었습니다. 찰칵. 사진작가 누나는 렌즈를 조절하더니 몇 장의 사진을 더 찍었습니다.

"고맙습니다. 나중에 사진 찾으러 놀러가도 되죠?"

"그럼, 언제든지 놀러 오렴. 인호 씨 지난번에 드린 명함 갖고 계시죠? 뒷면에 제 작업실 약도가 있으니까 연수랑 같이 놀러오세요."

"아, 네. 그렇게 하겠습니다."

우리는 피자집에서 나와 지하철역까지 걸어갔습니다. 나와 사진작가 누나는 지하철을 탔고, 삼촌은 미술관으로 돌아갔습니다.

저녁 때 삼촌이 퇴근하면 나는 조금 야단을 맞겠지요. 처음 만
난 사람에게 실례되는 질문을 좀 했으니 말이에요. 하지만 나는
삼촌을 위해서 어쩔 수 없이 그런 거예요. 아마 삼촌도 눈치 채고
있을 거예요.

상징형식

　우리는 거의 매일 반복되는 삶을 살아가고 있어요. 별 뚜렷한 이유도 없이 무엇엔가 억눌리고 쫓기면서 몹시 바쁘게 하루하루를 보내고 있는 것이지요.

　어쩌다가 잠시 손톱보다도 작은 여유를 가질 수 있을 때 우리는 속으로 감탄하지 않을 수 없어요.

　"참으로 이상하고도 신비스러워. 저기 저 여학생들 좀 봐! 뭐가 그렇게 재미있을까? 큰 소리로 재잘거리며 웃어대고 있어!

　저 멀리서 한가하게 대화하면서 걷고 있는 중년 남녀들의 삶의 의미는 어떤 것일까? 마음의 여유를 가지고 남녀노소를 지긋이 바라보고 있노라면 다 자기들 나름대로 살아가는 방식이 있어. 참 희한하고 신비스러워!"

　독일의 계몽철학자 칸트는 앎의 능력인 이성을 철저히 검토하고 비판

함으로써 이성의 역할과 한계를 밝혔어요. 칸트를 본 딴 카시러는 문화를 비판했습니다. 문화란 신화와 종교, 언어, 예술, 역사, 과학, 경제, 도덕, 기술 등의 요소들로 이루어지며 이 요소들은 상징형식이라는 것을 밝혀냈어요.

카시러의 문화철학은 매우 독특하답니다. 예컨대 우리들은 어떤 한 사람의 이야기하는 습관을 보고도 그 사람의 됨됨이를 평가할 수 있습니다.

"현재 우리 사회에는 사회정의가 필요해. 사회정의는 하나님의 뜻에 맞춰서 인간평등을 기본으로 해야 해."

"나는 그렇게 생각하지 않아. 사회정의는 칸트가 말한 도덕법칙을 기본으로 삼아야 해. 도덕법칙에 따르면 모든 인간은 수단이 아니라 목적이야. 그러니까 모든 인간을 목적으로 대하는 사태가 바로 사회정의인 거야."

"나는 너희 둘과 생각이 달라. 사회정의를 이야기하려면 사회현실을 바로 알고 현실적으로 이야기해야 하지 않겠어? 내 말은 추상적인 주장은 아무런 의미가 없으니까 증거가 확실하고 경험이 뒷받침되는 주장을 효과적으로 제시해야 한다는 거야. 그러니까 '최대다수의 최대행복'과 같은 공리주의의 주장이 바로 사회정의의 옳고 그름을 나누는 잣대가 되어야 한다는 거지."

이상의 세 가지 주장들은 세 사람의 서로 다른 삶의 방식, 다시 말해서 문화를 보여 주고 있어요. 보다 구체적으로 말하자면 세 견해는 각 사람이 생각하는 정의에 대한 상징이지요. 그렇기 때문에 문화는 상징형식이에요.

각 개인은 물론이고 민족과 나라는 모두 문화를 가지고 있고 따라서 각각 삶의 상징형식을 소유할 수밖에 없어요. 그러니까 인간이 성숙한 상징형식을 가진다면 성숙한 문화를 즐길 수 있겠지요?

3

신화에 대해서

 인간은 이제 다시는 한갓 물질적인 우주에 살지 않고, 상징적인
우주에서 산다.

— 에른스트 카시러

1 신화는 상징형식의 원초적 유형

오늘은 사진작가 누나의 작업실에 가기로 약속한 날입니다. 나와 삼촌은 가는 길에 선물을 사려고 아침 일찍 서둘러 씻고 한껏 멋을 부렸어요. 그런데 미술관이 삼촌의 연애 사업을 도와주질 않네요. 삼촌은 급작스럽게 전화를 받고 미술관에 가야 했거든요.

어쩔 수 없이 나 혼자 사진작가 누나의 작업실로 갔습니다. 작업실 문과 벽면에는 산에서 찍은 멋진 사진들이 붙어 있었습니다. 처음 오는 곳인데도 사진 덕분에 쉽게 찾을 수 있었고 누구라도 그 사진들을 보면 따뜻한 기분이 들 것 같았어요.

나는 작업실 문을 똑똑 두드렸습니다. 안에서 사진작가 누나의 쾌활한 목소리가 흘러나왔습니다.

"어머, 어서 와. 찾는 데 힘들지 않았니?"

"아뇨. 지하철역에서도 가깝고 작업실 앞에 사진들이 붙어 있어서 찾기 쉬웠어요."

"그랬구나. 여기 앉으렴."

"저, 이거 받으세요."

나는 오기 전에 준비한 꽃다발을 선물했습니다. 다 우리 삼촌을 멋지게 보이기 위한 나의 계획이지요.

"어머, 어쩜. 정말 예쁘다."

"우리 삼촌이 그러는데요, 결혼한 사람에게 놀러갈 때는 화장지를 선물하고, 결혼하지 않은 사람에게 놀러갈 때는 꽃을 선물하는 거랬어요. 우리 삼촌이 센스가 좀 있거든요."

"하하하, 그렇구나. 근데 삼촌은 같이 안 오셨니?"

"네, 미술관에서 온 전화를 받고 나갔어요. 모처럼 쉬는 날이라 같이 보내고 싶었는데……."

"그랬구나. 그럼 오늘은 이 누나랑 같이 놀까?"

"네, 좋아요."

"잠깐만 여기 있을래? 하던 일 끝내고 올게."

"네."

사진작가 누나는 일을 하러 가고, 나는 소파에 앉아 작업실을 둘러보았어요. 책상과 의자, 탁자와 소파가 있는 작은 공간이었지만 똑같은 액자에 담겨 한 벽면을 가득 채운 그림 때문에 특이한 분위기가 났습니다.

가까이 가서 보니 그림의 내용은 모두 신화에 관한 것들이었습니다. 나는 그리스 로마 신화를 만화책으로 본 적이 있었는데 그림 중 몇 가지는 내가 알고 있는 신화의 한 장면이었어요.

내가 한참 그림에 빠져 있을 때 사진작가 누나가 들어왔습니다. 벌써 일을 다 끝낸 모양이에요.

"혼자서 심심하지 않았어?"

"이 그림들 구경한 덕분에 심심하지 않았어요."

"연수는 그리스 로마 신화를 읽어 봤니?"

"네, 여기 있는 그림들도 책에서 몇 번 보았어요. 신화에 나오는 그림을 좋아하세요?"

"응, 신화는 우리의 삶을 상징하는 좋은 자료가 되거든."

"신화가 우리의 삶을 상징한다고요?"

"응, 너 판도라의 상자나 에로스와 프시케 이야기를 알지?"

"네, 알아요."

여러분도 판도라의 상자나 에로스와 프시케 신화는 다 알고 있을 거예요.

판도라는 그리스 신화에 나오는 인류 최초의 여성이에요. 제우스가 인간에게 벌을 내리기 위해서 대장장이의 신 헤파이스토스를 시켜 판도라를 만들지요. 제우스는 절대로 열어 보지 말라는 명령과 함께 모든 죄악과 불행이 담긴 상자를 판도라에게 주었답니다.

판도라는 그 상자를 들고 인간 세상으로 내려가다가 도저히 호기심을 참지 못해서 상자를 열고야 말았어요. 그 바람에 상자 속에 있던 모든 죄악과 불행은 인간 세상으로 퍼져 버렸어요. 판도라는 놀라서 다급하게 상자 뚜껑을 닫았는데 그 상자 속에는 미처 빠져 나가지 못한 희망만이 남았다고 합니다.

에로스와 프시케 신화에서 에로스는 사랑의 신으로 등장합니다. 로마 신화에서는 큐피드라는 이름으로도 나오는데 에로스가 쏜 금 화살을 맞으면 사랑에 빠지고, 납 화살을 맞으면 미움에 빠지게 된대요.

프시케는 그리스 신화에 나오는 미녀로, 미와 사랑의 여신인 아프로디테가 질투를 했을 정도로 아름다웠대요. 하지만 프시케는 아프로디테의 미움을 받아 어느 누구의 청혼도 받지 못했어요. 프시케의 아버지는 신으로부터 딸을 산꼭대기에 두면 괴물 신랑이 데리고 갈 거라는 이야기를 듣습니다.

프시케는 신의 말대로 산꼭대기에 올라갔다가 바람의 도움을 받아 화려한 궁전에 가게 되었어요. 그 궁전에서 프시케는 밤마다 나타나는 괴물 신랑을 남편으로 맞아들이지요. 괴물 신랑은 바로 에로스였는데 에로스는 자기의 얼굴을 보려고 하지 않으면 행복하게 지낼 수 있을 거라고 말합니다.

에로스는 행여 어머니인 아프로디테의 분노를 살까 걱정이 되어서 신분을 숨긴 것인데 프시케는 남편의 얼굴이 궁금해 고민을 하게 되지요. 결국 프시케는 램프를 들고 잠들어 있는 에로스의 얼굴을 보고야 말았어요. 프시케는 남편의 아름다운 얼굴을 보고 입을 맞추려다가 램프의 기름을 떨어뜨려 에로스의 버림을 받게 되었습니다.

그런데 판도라의 상자나 에로스와 프시케 신화를 아무리 생각해 봐도 도대체 뭐가 상징적인 부분인지 모르겠어요. 내가 알쏭달쏭하다는 표정을 지으니까 사진작가 누나는 빙그레 웃으며 말했습니다.

"인간은 원래 자신이 느낀 것이나 경험한 것을 객관화하려고 해. 무슨 말이냐면 개인의 느낌이고 경험이지만 누구나 같은 명칭으로 그 대상을 떠올리면서 현실을 알 수 있도록 하는 거야."

나는 점점 더 어렵다는 생각이 들었어요. 사람들은 저마다 누군가를 떠올리면서 '좋아한다', '사랑한다' 라는 말을 하게 되잖아요. 물론 그 감정은 조금씩 차이가 있고 좋아하거나 사랑하는 감정으로 인해 나타나는 행동들도 달라요. 그런데도 우리는 일반적으로 그러한 감정들을 묶어 '좋아한다', '사랑한다' 라고 표현하고 있잖아요.

인간이 자신의 느낌이나 경험을 객관화하려고 한다는 것은 이해할 수 있지만 이것이 과연 신화나 상징과 무슨 관련이 있을지 생각해 보아야 하지 않을까요?

"아직 모르겠다는 표정이구나. 내 말은 인간이 자신의 감정을 객관화하여 신화를 만들어낸다는 얘기야. 사실은 카시러가 한 말이지만."

"카시러가요?"

"그래, 인간은 호기심이 많은 존재야. 그 호기심 때문에 연구를 하고 세상을 발전시키기도 하지만 위기에 빠지기도 하지. 인간의 호기심이 때로는 위험할 수도 있다는 생각을 객관화시킨 것이 바로 판도라의 상자나 에로스와 프시케 신화야."

"아, 그래서 신화가 우리의 생각과 삶을 상징화하여 표현된 이야기라는 거구나."

"그렇지. 카시러는 상징형식이 맨 처음 나타난 것이 신화라고 한단다. 신화가 사실은 아니야. 하지만 어떤 구체적인 것을 대신해서 표현하는 상징형식이라는 거야."

"그럼 신화는 오늘날 우리들에게도 큰 의미가 있겠네요."

"그렇고말고, 신화가 나타내고 있는 내용은 인간이면 누구나 생각하고 경험할 수 있는 것이기 때문에 우리에게 교훈을 주지. 또 카시러는 신화가 고대뿐만 아니라 현대에도 여전히 만들어진다고 주장했어."

"신화는 아주 오랜 옛날에 만들어진 거잖아요. 현대에 만들어진 것도 신화라고 할 수 있나요?"

"상징이 가능하다면 신화도 만들어낼 수 있지 않겠니? 예를 들어 어떤 사람이 사업을 해서 놀라운 성공을 이루었다고 가정해 보자. 그 사람의 사업 방식이나 태도, 신념 등이 이야기로 탄생해 신화가 되는 거야."

"그렇구나. 하긴 저도 'OOO의 성공 신화', '신화를 창조한 OOO' 이런 책 제목을 얼핏 본 것 같아요."

"카시러는 현대에 탄생한 신화들, 특히 정치적 신화들은 매우 비판했다고 알려져 있어. 현대의 잘못된 정치적 신화들이 얼마나 위험한 것이 직접 체험하면서 살았으니까 말이야."

사진작가 누나는 카시러가 비판한 현대의 신화들에 대해서 이야기해 주었습니다. 카시러는 현대의 잘못된 정치적 신화들이 국가의 삶에 바탕이 되어 합리적인 원칙들을 무시할 때 국가는 전체주의—개인의 모든 활동은 민족이나 국가와 같은 전체의 발전만을 위해 존재해야 한다는 이념 아래 개인의 자유를 억압하는 사상. 이탈리아의 파시즘과 독일의 나치즘이 대표적—와 독재주의—국민의 합의에 의한 민주적인 절차를 무시하고 단독의 지배자가 절대적인 권력을 행사하는 정치사상— 경향에 빠질 수 있다고 지적했대요.

카시러는 이러한 신화에 대해서 경각심을 불러일으키고 인간의 자기 해방을 가능하게 해 줄 수 있는 학문이 바로 '철학'이라고 했습니다.

카시러가 독일의 나치즘 때문에 자기 나라를 떠나 떠돌이 생활을 해야 했으니 현대의 정치적 신화를 비판한 것은 당연한 일이에요. 중요한 것은 인간의 모든 분야에 대해서 연구했다는 사실이겠지요? 신화에서부터 정치에 이르기까지 말이에요.

2 조각공원에 함께 가다

"아, 열심히 얘기했더니 배고프다. 연수야, 우리 맛있는 거 먹으러 가자."

"네, 좋아요. 삼촌도 같이 갈 수 있는지 전화해 봐도 되죠?"

"그럼."

나는 삼촌에게 전화를 걸었습니다. 삼촌은 한참만에야 전화를 받았습니다.

"삼촌, 아직도 바빠요?"

"아니, 좀 있으면 끝날 거 같은데."

"그래요? 그럼 예쁜 누나랑 맛있는 거 먹으러 가요."

"아직도 거기 있는 거니? 바쁘실 텐데 얼른 나오지 않고."

"예쁜 누나랑 맛있는 거 먹으러 가기로 했어요. 여기서 기다리고 있을게요."

삼촌은 은근히 좋으면서 또 꾸지람을 합니다. 나 아니면 우리 삼촌이 작업실에 올 일이 생기겠어요?

"많이 바쁘시다고 하면 우리끼리 가자."

"아니에요. 곧 끝나신데요."

"삼촌을 기다리는 동안 음료수나 마실까?"

사진작가 누나가 음료수를 가지러 일어서는데 전화벨이 울렸습니다.

"네, 김수연입니다. 안녕하세요? 어쩐 일로 전화를 다 하셨어요? 네, 그러세요. 그럼 바로 가서 촬영하고 보내 드릴게요. 안녕히 계세요."

나는 심상치 않은 전화 내용에 귀를 쫑긋했습니다. 삼촌과 사진작가 누나가 함께 할 수 있는 좋은 기회인데 무언가 방해물이 생긴 듯했습니다.

"어쩌지? 갑자기 촬영이 생겼는데. 미안해, 연수야. 누나가 나중에 맛있는 거 사 줄게."

"어디 가세요?"

"응, 조각예술 공원에 가야 할 거 같아."

"정말요? 저도 거기 진짜 가 보고 싶었어요. 저도 같이 가면 안 돼요?"

"난 차도 없고 지하철을 타고 가야 하는데 좀 멀어서 네가 힘들지도 몰라."

"괜찮아요. 삼촌한테 데려가 달라고 하면 돼요. 저번에 조각예술 공원에 같이 가자고 한 적이 있거든요. 제가 다시 삼촌에게 전화해 볼게요."

이렇게 해서 나와 삼촌, 사진작가 누나는 삼촌이 운전하는 차를 타고 조각예술 공원으로 향했습니다.

"저 때문에 괜히 고생하는 거 아니에요?"

"괜찮습니다. 저 녀석이 하도 가자고 졸라대는 통에 함께 가는 건데요, 뭘. 오히려 연수가 수연 씨를 귀찮게 하지는 않았나 걱정이지……."

"아니에요. 연수 덕분에 재밌었어요. 이렇게 차까지 얻어 타고 가니까 편하고 좋은데요."

"그렇다면 다행입니다."

어른들은 참 이상해요. 나는 사진작가 누나를 귀찮게 한 적도 없고 삼촌에게 해가 되는 일을 한 것도 아닌데 어른들은 서로 괜한 걱정을 하는 것 같아요.

어찌 됐든 나는 내가 할 일을 했으니까 잠깐이라도 쉬어야겠어요. 뒷좌석에 앉아 있어서 그런지 잠이 솔솔 오는 것 같습니다.

삼촌과 사진작가 누나는 가는 동안 아침에 미술관에 불려가서 했던 일들, 조각예술 공원에서의 사진 촬영 등에 대한 이야기를 나누었습니다. 나는 별로 재미가 없어서 꾸벅꾸벅 졸기도 했는데 간간이 웃음소리가 들리는 바람에 깨어났어요.

출발한 지 한 시간이 조금 못 되어 우리는 조각예술 공원에 도착했습니다. 우리는 일단 사진작가 누나의 일을 먼저 시작하기로 했어요. 나와 삼촌은 사진작가 누나가 사진 촬영하는 모습을 지켜보거나 잔심부름을 좀 해 주었을 뿐이지만요. 사진작가 누나는 여기저기서 구도를 잡으며 사진 촬영을 했습니다.

조각예술 공원의 풍경과 조각품들을 여러 각도에서 살피며 사진을 찍는 모습을 보니 사진작가 누나는 아주 멋있는 직업이라는 생각이 들었습니다. 나와 삼촌이 찬밥 신세가 되긴 했지만 자기 일을 열심히 하는 사진작가 누나의 모습이 정말 멋져 보였어요.

두어 시간이 지난 후에야 사진 촬영이 끝났습니다. 사진작가 누나는 조각공원에 막 도착했을 때보다 더 활기에 차 보였으나 나와 삼촌은 조금 지쳐 있었습니다.

"죄송해요. 많이 지루하셨죠?"

"아, 아닙니다. 이것저것 구경하느라 정말 시간 가는 줄도 몰랐는 걸요."

"네, 맞아요. 저는 조각예술 공원에 와 보는 게 소원이었는데 오늘 소원이 이루어져서 정말 기뻐요."

"그렇다면 다행이지만 사진촬영 때문에 너무 오래 기다리시게 한 것 같아서. 그럼, 오늘 저녁은 제가 맛있는 거 살게요. 연수야, 뭐 먹고 싶니?"

"음…… 삼겹살이요."

"그래? 맛있는 삼겹살 먹으러 가자."

우리는 주차장으로 가는 길에 조각품들을 배경으로 사진을 몇

장 찍었습니다. 나는 삼겹살을 먹을 생각에 저절로 미소가 지어졌습니다. 삼촌도 예전보다는 자연스러운 미소로 사진을 찍는 것이었습니다.

"예쁜 누나도 사진 찍으세요. 제가 찍어 드릴게요."

"그럴래? 매일 사진을 찍기만 했었는데, 나도 조각예술 공원에 왔다는 흔적을 남겨야겠다."

"혼자 있으면 허전하니까 삼촌도 같이 찍어요."

"어?"

"그러세요. 저 혼자 찍으면 심심하잖아요."

"아, 네."

삼촌과 사진작가 누나는 어색한 자세로 '꿈과 사랑'이란 제목의 조각상 앞에 섰습니다. 나는 삼촌과 사진작가 누나가 잘 어울린다고 생각했어요. 삼촌과 사진작가 누나가 꿈과 사랑을 갖고 함께 하면 얼마나 좋을까 진심으로 바랐습니다.

3 경비원 이야기

우리는 조각예술 공원을 나와 주차장으로 갔습니다. 차에 막 타려고 하는데 삼촌이 무언가를 쳐다보며 화를 냈습니다.

"이게 뭐야? 유리가 깨졌잖아?"

"어머, 그러네요. 이게 어떻게 된 일이야."

나는 무슨 일인가 싶어 삼촌과 사진작가 누나가 있는 곳으로 갔습니다. 무심코 지나쳐서 보지 못했었는데 운전석 쪽의 사이드 미러 유리가 깨져 있었습니다.

"저기요!"

저 멀리서 경비원이 큰 소리를 지르며 뛰어오고 있었습니다. 가까이 다가온 경비원은 심호흡을 하더니 사이드 미러의 유리가 깨지게 된 상황을 설명하기 시작했습니다.

"제가 간간이 순찰을 도는데요, 아 글쎄 깨지는 소리가 들리더니만 웬 차 한 대가 급히 내빼는 거예요. 제가 소리를 지르면서 쫓아가긴 했는데 워낙에 빨리 내빼서 번호판도 보지를 못했습니다. 정말 죄송합니다."

"여기 CCTV는 없나요?"

"공원에 뭐 훔쳐갈 게 있다고 CCTV를 설치하겠습니까? 무료 주차창이라 주차 관리도 안 되는데요, 뭘. 아무튼 죄송합니다. 제가 조금 더 신경을 썼어야 하는데……."

"아닙니다. 남의 차를 망가뜨려 놓고 도망가는 사람이 잘못이지 경비원 아저씨께서 무슨 잘못이 있겠습니까? 크게 망가진 것도 아니니까 수리하면 돼요."

"수리비는 제가 드리겠습니다. 그렇지 않아도 오시면 말씀드리려고 기다리고 있었어요."

"괜찮아요, 아저씨. 유리만 갈아 끼우면 되니까 신경 쓰지 않으

셔도 돼요."

우리는 차에 올라탔습니다. 삼촌이 시동을 걸자 경비원 아저씨
는 고개를 숙여 인사를 했습니다. 우리도 고개를 숙여 인사를 했
습니다.

"요즘 보기 드물게 친절한 분이시네요. 보통은 자기 잘못이 아
니라고 변명하기에 바쁜데 말이에요."

"그러게요. 괜히 여기까지 오시는 바람에 사이드 미러도 망가지
고……."

"수연 씨도 신경 쓰지 마세요. 기술 좋은 사람은 집에서도 고칠
수 있을 정도로 아주 간단한 부상입니다."

삼촌의 농담에도 불구하고 차 안은 조금 썰렁해졌습니다. 나는
할 일이 아직 끝나지 않았다는 생각이 들었어요. 무엇보다 이 분
위기로 삼겹살을 먹으러 가면 맛이 없을지도 모르니까 이야기를
다른 쪽으로 돌리고 싶었습니다.

나는 문득 인터넷을 검색하다가 보게 된 경비원 이야기가 떠올
랐어요. 경비원 이야기로 퀴즈를 내면서 분위기를 바꾸면 어떨까
싶네요.

"삼촌, 예쁜 누나. 카시러는 무엇을 가리켜 경비원이라고 했게

요? 제가 맞히는 분께 특별히 삼겹살 쌈을 만들어 드릴게요."

"카시러가 경비원 얘기를 했니?"

"나도 몰랐는데, 연수는 어디서 들었어?"

"어제 인터넷에서 봤어요. 검색창에 에른스트 카시러를 치니까 자료가 많이 나오지는 않았지만 누군가가 자신의 홈페이지에 카시러의 경비원 이야기를 올려놓았더라고요."

"그래? 경비원이 의미하는 게 뭘까?"

"연수야, 힌트 없니?"

"힌트요? 음, 카시러의 경비원은 슈바이처 박사의 말에 영향을 받은 거예요."

"아! 알았다. 슈바이처 박사가 '철학은 경비원이다. 경비원은 위험한 시간에 잠들지 않고 깨어 있다. 경비원은 전체주의가 발생하는 순간에도 경계를 게을리 하지 않는다' 라고 했지."

"어머, 그런 말이 있었어요? 그럼 카시러가 말하는 경비원도 철학을 의미하겠네요."

"딩동댕! 맞았어요. 카시러는 슈바이처 박사의 철학 정신에 깊은 감동을 받아 자신의 문화철학적 성격이 '경비원으로서의 철학' 에 있다고 했대요."

경비원 아저씨처럼 모든 사람들이 자신의 역할에 최선을 다하고 친절하다면 얼마나 좋을까요? 카시러는 모든 사람들이 경비원이 된다면 바람직한 문화가 형성될 수 있다고 했습니다. 카시러가 말하는 경비원은 항상 정신적으로 깨어 있으면서 사람들에게 깨달음을 주는 인간이기 때문이지요.

"카시러는 독재주의나 전체주의가 잘못된 문화와 상징형식을 만들어냄으로써 인간을 타락시킨다고 주장했어요. 그래서 철학이 경비원의 역할을 충실히 해서 항상 경고를 해 주어야 한다고 주장했던 거예요."

"그래, 맞다. 카시러는 정치 현실에 직접 관여하지는 않았지만 철학이 인간의 양심이 되어서 항상 인간을 반성하게 하고 현실을 일깨워야 한다는 점을 강조했어."

"와! 똑똑한 삼촌에 똑똑한 조카네요. 앞으로 따라다니면서 좀 배워야 할 거 같아요."

사진작가 누나의 말에 삼촌은 쑥스러운 듯 얼굴이 조금 붉어졌습니다. 사진작가 누나가 삼촌의 얼굴을 보았는지는 모르겠지만 나는 삼촌의 얼굴이 백미러로 보여서 웃음이 났습니다.

우리는 사진작가 누나의 작업실 근처에 있는 삼겹살집에 갔습니다. 여러 가지 사건이 많았던 만큼 배도 고팠습니다. 음식이 차려지고 삼겹살이 불판 위에서 지글지글 익어가는 냄새가 나니까 더욱더 배가 고픈 것 같았습니다.

하지만 나는 사진작가 누나에게 삼겹살을 먼저 드리기로 마음먹었어요. 사진 촬영을 하느라 많이 힘들었을 테고, 내가 낸 문제의 답을 맞혔으니까요.

"차 안에서 낸 문제의 답을 예쁜 누나가 맞혔으니 제가 맛있게 쌈을 싸서 드릴게요."

"아냐. 삼촌이 한 말을 듣고 얘기한 건데, 뭐."

"수연 씨, 사양하지 말고 드세요. 아마 눈물이 날 정도로 맛이 감동적일 거예요."

나는 정성껏 쌈을 싸서 직접 사진작가 누나의 입에 넣어 주었습니다. 사진작가 누나는 몇 번 오물오물 하더니 눈물까지 글썽이며 음식을 먹었습니다.

"이건 상이 아니라 벌칙 수준인데요. 쌈에다 뭘 넣은 거니?"

"왜요? 맛이 이상해요?"

"연수야, 삼촌이 늘 얘기했잖아. 쌈에는 마늘 하나랑 고추 하나만 넣어야 한다고. 마늘도 두 개, 고추도 두 개, 거기다 고추냉이까지 넣으면 어떡하니?"

"내가 지금 그걸 다 먹었다는 거예요? 어쩐지 혀가 떨어져 나갈 것 같으면서 정신이 몽롱해지더라. 연수야, 예쁜 누나가 쌈 싸는 방법 좀 가르쳐 줄까?"

"헤헤. 죄송해요, 예쁜 누나. 제가 장난 좀 쳤어요. 이번엔 진짜 맛있게 싸 드릴게요."

"사양하면 안 될까?"

"꼭 드셔야 돼요."

"하하하."

우리는 맛있게 저녁을 먹었습니다. 삼촌과 사진작가 누나가 술을 조금 드시는 바람에 차는 사진작가 누나의 작업실 근처에 두고 와야 했습니다. 차를 가지러 가면서 삼촌은 또 사진작가 누나를 만날 수 있을 테니까 내일 아침의 불편은 조금 참아야겠지요?

철학 돋보기

인간이란?

  지나가는 사람이 여러분에게 "삶이란 무엇인가?" "인간이란 무엇인가?"를 물었다고 상상해 보세요. 여러분 표정은 어떨까요? 위에 있는 물음들은 인간이 살아가는 데에 있어 근원적인 물음들이기 때문에 한마디로 간단히 대답하기 쉽지 않아요.

  하지만 특정한 대상에 관한 질문은 그다지 어렵지 않아요.

  "이 볼펜은 어디에 쓰는 것이니?"

  "응, 그 볼펜은 노트에 필기할 때 쓰면 제일 좋아."

  "이 노트는 무엇이니?"

  "이 노트는 수학문제를 풀 때 쓰는 노트야."

  위에 있는 질문들은 비교적 쉽기 때문에 그 답들 역시 쉬울 수밖에 없어요. 그럼 다음의 질문들을 볼까요?

  "시간이란 무엇인가?"

"자유는 무엇인가?"

"상징은 무엇인가?"

"문화는 무엇인가?"

"신화는 무엇인가?"

위에 있는 물음들은 어렵게 느껴지며 쉽게 답이 떠오르지도 않죠? 구체적인 물질적 대상들보다도 추상적 상황이나 대상에 대한 물음은 한층 더 어려운 것으로 생각된답니다. 왜 그럴까요? 추상적 상황이 무엇이냐고 묻는 물음은 아무래도 상황이나 상태가 본래 가지고 있는 성질을 묻기 때문에 더욱 더 어려운 물음으로 여겨져요.

예컨대 아우구스티누스는 《고백론》에서 시간에 관해 다음과 같이 고백해요.

"보통 때 나는 시간에 관해서 아주 잘 알고 있는 것처럼 생각하고 행동합니다. 그런데 막상 누가 갑자기 나에게 시간이 무엇이냐고 물으면 나는 시간에 관해서 아무것도 모르고 있는 나를 보고 놀라게 됩니다."

아우구스티누스가 시간에 관해서 이렇게 고백한 것과 마찬가지로 만일 누군가가 인간이 무엇이냐고 갑자기 우리에게 묻는다면 우리는 대답

할 말을 찾기 힘들 거예요.

　문화를 창조하다!

　지금까지 인간을 정의하는 말들은 여러 가지가 있어요. 몇 가지 예들을 살펴보기로 하지요.
　"인간은 이성적인 동물이다."
　"인간은 생각하는 갈대이다."
　"인간은 사회적인 동물이다."
　"인간은 인간에 대하여 늑대다."
　"인간은 웃을 줄 아는 존재이다."
　"인간은 자기를 반성할 줄 아는 존재다."
　"인간은 상징하는 동물이다."
　이와 같은 인간에 관한 정의들은 아리스토텔레스나 파스칼과 같은 철학자들 그리고 홉스와 같은 영국 철학자에 의해서 만들어졌어요. 그리고 마지막에 있는 인간의 정의인 "인간은 상징하는 동물이다"는 바로

카시러의 주장이지요. 카시러는 인간이 문화를 창조하며 살아가는 존재로 생각했어요.

인간은 다른 동물들과 달리 신화와 종교를 만들뿐만 아니라 언어와 예술 그리고 역사와 과학을 비롯해서 경제, 도덕, 기술 등의 문화를 새로 만들어내고 있어요. 이러한 문화는 바로 상징형식의 체계이지요.

카시러에 의하면 인간은 자유롭게 문화를 창조하는 존재랍니다. 인간은 삶을 상징형식으로 표현하는 자유로운 존재이지요.

4

현실 속 문화철학

 상징성의 원리는 그 보편성, 타당성 및 일반적 적용성과 더불어
특별히 인간적인 세계, 인간 문화의 세계에 접근할 수 있게 하는
마술어로 "열려라 참깨!"를 말한다.

— 에른스트 카시러

1 둘의 사이는 과연 어떻게 될까?

요즘 우리 삼촌은 한창 연애 중입니다. 이게 다 나의 크나큰 노력 덕분이 아니겠어요? 삼촌도 가끔 내 노력을 칭찬해 주며 떡볶이와 순대를 잔뜩 사 주기도 합니다.

삼촌은 사진작가 누나와 연애를 하면서부터 덤벙거리는 버릇이 덜해졌어요. 왜 그런지는 정확히 알 수 없지만 아마도 사진작가 누나에게 잘 보이기 위해서가 아닐까 생각합니다.

어느 날부터인가 삼촌의 차 안에 핸드폰 거치대가 설치되어 있없어요. 아침마다 출근길에 전화 통화를 하는 것이 틀림없어요. 허둥지둥하는 시간을 줄여서 사진작가 누나와 대화를 하려는 것이지요.

어찌됐든 차 열쇠나 지갑, 핸드폰 등을 두고 나가서 허겁지겁 챙기느라 머리는 까치집이 되고 숨 돌릴 틈도 없어 보였던 삼촌에게 정말 반가워할 만한 변화였습니다.

나는 가끔 사진작가 누나의 작업실에 놀러갔습니다. 그때마다 우리 삼촌만 변한 것이 아니었구나 하는 생각을 했어요. 누나는 원래 예쁘고 활발한 사람이었지만 훨씬 더 예뻐졌다는 느낌이 들었거든요. 또 작업실의 책상 위에는 나와 삼촌의 사진이 하나 둘씩 늘어가고 있었습니다.

나에게 생긴 변화가 있다면 혼자 있는 시간이 좀 더 많아졌다는 거예요. 처음에는 셋이서 놀이동산에 가거나 사진 촬영장에서 일을 돕기도 하고, 미술관에서 전시회 구경도 했습니다. 하지만 나는 삼촌과 사진작가 누나의 데이트에 방해가 되고 싶지 않았어요. 때때로 친구와의 약속이나 숙제 핑계를 대고 둘의 데이트에 끼지 않습니다. 이렇게 삼촌과 사진작가 누나를 응원하고 있지요.

어쩌다 셋이서 저녁을 먹으러 가면 나는 사실 기분이 아주 좋았어요. 사진작가 누나는 우리 엄마와는 많이 다르지만 나는 그 순간만큼은 아빠와 엄마가 모두 다 있는 행복한 아이가 된 듯했으니까요.

앞으로도 이렇게 지낼 수 있다면 얼마나 좋을까, 하고 마음속으로 바라는 날들이 점점 더 많아지고 있었습니다.

그러던 어느 날, 나는 학교 수업이 끝나자마자 사진작가 누나의 작업실에 갔습니다. 요사이 삼촌의 표정이 너무 어두워서 걱정이 되었거든요.

아니나 다를까 사진작가 누나의 표정도 삼촌의 표정 못지않게 어두웠습니다. 아무래도 둘 사이에 무슨 문제가 생긴 것이 분명합니다.

"안녕하세요?"

"응, 연수구나. 오랜만이네."

"네, 예쁜 누나가 보고 싶어서 수업이 끝나자마자 달려왔어요. 히히."

"그랬니?"

나는 한껏 장난스러운 목소리로 말을 했으나 사진작가 누나의 반응은 시큰둥했습니다. 사진작가 누나는 항상 밝고 친절했었는데 오늘은 기운이 없는 목소리였습니다.

"예쁜 누나, 어디 아파요?"

"아, 아니. 왜?"

"어디 아픈 사람 같아요. 무슨 일 있으세요?"

"아무 일 없어. 어제 늦게까지 촬영하느라 힘들어서 그런가 보네. 좀 쉬면 괜찮아질 거야."

나는 삼촌과 혹시 말다툼이라도 해서 그런지 물어보고 싶었지만 사진작가 누나의 표정을 보고 꾹 참았습니다.

"아무래도 집에 가서 쉬어야 할 거 같아. 다음에 또 놀러 오렴."

"네, 다음에 놀러 올게요."

나는 집으로 돌아오는 내내 발걸음이 무거웠어요. 삼촌과 사진작가 누나에게 무슨 일이 생긴 것인지 아니면 진짜 어디가 많이 아픈 것인지 걱정이 쌓이고 쌓여서 하늘에 닿을 것만 같았습니다.

집에 도착해 보니 삼촌이 저녁을 준비하고 있었습니다. 즐겁지 않은 표정으로 말이에요.

"다녀왔습니다."

"이제 오니? 얼른 옷 갈아입고 와. 저녁 먹자."

책가방과 옷을 침대 위에다 대충 던져놓고 얼른 부엌으로 들어 갔습니다. 이렇게 걱정하면서 궁금해 하는 것보다는 삼촌에게 물어보는 편이 나을 듯했습니다.

"삼촌, 집에 오기 전에 작업실에 잠깐 들렀는데요. 예쁜 누나가 많이 아픈 것 같았어요."

"그래?"

삼촌은 약간 놀란 얼굴이었지만 아무 말 없이 밥을 먹었습니다. 삼촌이 사진작가 누나가 아프다는 것을 모르는 게 이상했습니다.

"목소리에 힘이 하나도 없고 얼굴도 피곤해 보였어요. 내가 놀러 가면 항상 좋아했는데 오늘은 집에 가서 쉬어야겠으니 다음에 놀러오랬어요."

"……."

"삼촌, 우리 문병 안 가요?"

"자꾸 작업실에 놀러 가서 귀찮게 하지 말고, 심심하면 미술관으로 놀러 와."

"귀찮게 한 적 없어요. 오히려 일하는 거 도와드리기도 하는데……."

"하여간 작업실로 놀러 가지 말고, 미술관으로 와. 알겠지?"

"삼촌. 혹시 예쁜 누나랑 싸웠어요?"

"……."

"왜요?"

"너는 몰라도 되는 일이야."

삼촌은 입을 굳게 다물고 더 이상 식사도 하지 않았습니다. 나는 삼촌이 너무나 단호하게 말해서 그 이유를 묻지도 못하고 풀이 죽고 말았어요.

식사를 마치고 삼촌은 피곤하다면서 먼저 방으로 들어갔습니다. 나는 거실에 혼자 앉아 삼촌과 사진작가 누나가 왜 싸웠을지 곰곰이 생각해 보았습니다.

그러나 아무리 생각해도 떠오르는 것이 없었습니다. 어른들의 세계는 복잡하다고 하지만 마음씨가 착한 삼촌과 친절한 사진작가 누나가 만나서 싸울 일이 뭐가 있을까요?

아! 나는 불현듯 머릿속에 '정연수'라는 이름을 떠올렸습니다. 맞아요. '정연수'는 내 이름입니다. 지금 삼촌과 사진작가 누나 사이에는 내가 걸림돌이 되고 있을지도 몰라요.

오래 전 삼촌이 나 때문에 결혼을 포기했던 것처럼 나 때문일 수 있다는 사실을 나는 깜빡 잊고 있었습니다. 나는 가슴이 아프고 눈물이 났어요. 사랑하는 삼촌이 나 때문에 불행할지도 모른다는 생각에 내 자신이 한없이 미워졌습니다.

그날 밤 나는 침대에 눕지도 못하고 거실 소파에서 울다가 잠이 들었습니다.

2 의식 발달 단계에 따른 상징형식의 형성

다음 날 나는 학교 수업이 끝나자마자 다시 사진작가 누나의 작업실로 갔습니다. 삼촌은 작업실에 놀러 가지 말라고 했지만 나는 무언가 해야 할 것 같은 책임감을 느꼈습니다.

"안녕하세요?"

"어? 연수네. 이틀 연속으로 무슨 일이니?"

"어제 많이 아프신 것 같아서 걱정을 했거든요. 오늘은 괜찮으세요?"

"응, 내 걱정 해 주는 사람은 연수밖에 없네. 연수야, 아이스크림 먹을래?"

"네."

오늘은 다행히도 사진작가 누나의 얼굴이 좋아 보였습니다. 그래도 삼촌에게 물어봤던 것처럼 직접적으로 얘기할 수는 없으니 아이스크림을 먹으면서 고민을 좀 해 봐야겠어요.

"와, 이 아이스크림 진짜 맛있어요."

"그렇지? 갑자기 아이스크림이 먹고 싶어서 가게에 들러 맛을 봤는데 이 아이스크림이 정말 맛있는 거야. 그래서 연수 주려고 사다 놨지."

"정말요?"

"그럼. 왠지 어제 밤부터 연수가 또 놀러 올지도 모른다는 생각이 들던 걸."

"나랑 텔레파시가 통했네요."

"그러게 말이야."

나는 잠깐 고민을 잊고 맛있게 아이스크림을 먹었습니다. 아이스크림은 입 속에서 스르르 금방 녹아 버렸습니다. 삼촌과 사진작가 누나 사이의 문제도 이 아이스크림처럼 스르르 녹아 없어져 버리면 얼마나 좋을까요?

"예쁜 누나! 무언가를 알고 있는 것과 모르고 있는 것은 차이가 크겠죠?"

"그렇지. 카시러는 앎의 문제를 아주 중요하게 여겼어. 개인과 사회, 세계가 서로 밀접한 관계를 맺고 상호작용하는 가운데 앎이 형성되지."

아, 카시러 얘기를 하려던 것이 아니었는데 사진작가 누나는 카시러의 이론을 이야기하기 시작했습니다.

"다시 말해 인간이 살아가는 모든 활동 속에서 앎의 문제가 생긴다는 거야. 인간은 다른 동물들과 다르게 자기를 반성하는 의식이 있다고 얘기한 적이 있었지?"

"네, 인간은 자기반성을 통해 상징형식을 만들어내고 상징형식들이 조화를 이루어 문화를 만들어간다고 들었어요."

"자기반성을 하면서 문화를 만들어내고, 그 문화 속에서 살면서 또 자기반성을 하고…… 인간은 이 과정을 되풀이하면서 오늘날까지 역사를 이끌어 왔단다."

나는 기왕 카시러 얘기가 나왔으니 카시러의 주장을 더 들어 보기로 했습니다. 도중에 삼촌과의 일을 꺼내는 것도 어색하고 아직 어떤 식으로 말을 할지 생각해내지 못했거든요.

"그런데 인간은 의식이 점점 발달하고 있고, 발달하는 의식에 따라 기능이 다른 상징형식을 만들어가는 존재야. 즉, 자기반성 과정을 통해 의식 수준이 높아지면서 인간이 만들어내는 상징형식의 수준도 올라간다는 거지."

"그렇구나. 그럼 상징형식이 어떤 기능을 가지고 있어요?"

"카시러는 상징형식을 기능에 따라 표현기능, 직관기능, 의미기능으로 나누었어. 먼저 표현기능부터 알아볼까?"

사진작가 누나는 책상 서랍에서 책을 한 권 꺼내어 뒤적였습니다. 그리고 표가 그려진 면을 펼쳐 나에게 보여 주었어요.

"인간은 자연에서 살아남고 생활하기 위해서 자연을 어떻게 가다듬을까 생각하기도 하고, 자연을 따라 흉내내며 기쁨을 느끼기도 한단다. 이때 인간이 자연을 가다듬고 표현하는 것이 표현기능이라고 해. 단군신화에 대해 들어본 적이 있니?"

"그럼요. 사회 시간에 선생님께서 말씀해 주셨어요."

사회 선생님께서 단군신화는 우리나라가 어떻게 탄생했는지 알려주는 이야기라고 하셨어요. 우리나라에 가장 먼저 세워진 국가는 고조선이에요. 그 고조선을 세운 사람이 단군왕검이라는 이야

의미

상징

직관

도시 → 의미

🐻 = 신

사진

프로메테우스

위대한 신

직관

기예요.

약 5천 년 전에 하늘나라에는 황제인 환인과 환인의 아들인 환웅이 살고 있었어요. 환웅은 항상 인간 세상을 다스리고자 했는데, 그 뜻을 알게 된 환인의 허락으로 환웅은 인간 세상에 내려왔어요.

환웅은 3천 명의 무리를 이끌고 태백산 신단수 아래에 내려와 나라를 다스렸습니다. 그러던 중 환웅은 사람이 되길 바라는 곰과 호랑이에게 쑥과 마늘을 주며 백일 동안 햇빛을 보지 말고 동굴 속에서 살라고 말하지요.

그러나 성격이 급한 호랑이는 동굴을 뛰쳐나가고 곰은 시련을 견디어 웅녀로 변했어요. 사람이 된 웅녀는 환웅과 결혼하여 단군을 낳았고, 단군은 바로 고조선을 건국한 우리 민족의 시초가 되었어요.

그런데 진짜 곰이 사람으로 변한 게 아니었어요. 이러한 단군신화 속에서 환웅은 하늘이 선택한 위대한 민족이라는 자부심을 나타내요. 그리고 곰과 호랑이는 각각 곰을 신으로 믿는 부족과 호랑이를 신으로 믿는 부족을 상징하고 있어요.

"단군신화에서 환웅과 곰, 호랑이는 각각 의미를 지니고 밀접하게 관계를 맺고 있어. 하지만 옛날 사람들은 그 의미에 대해서 깊게 생각하지 않았단다. 의식을 상징으로 나타내려면 무언가를 직접 표현할 뿐이지 관계나 의미 파악을 못하고 있는 수준이야."

"아, 표현기능은 의미를 파악하기보다는 인간이 가진 의식을 나타내고 있다는 거구나."

"그렇지. 상징형식은 직관기능이란 걸 가지고 있어. 직관기능은 신화의 세계보다는 인간의 일상생활에서 작용하는 기능이야."

"직관이라는 단어가 무슨 뜻이에요?"

"직관은 감각, 경험, 연상, 판단, 추리와 같은 사고 작용을 거치지 않고 대상을 직접적으로 파악하는 작용이야."

"직관이 무슨 뜻인지 들었는데도 직관기능이 무엇인지 잘 모르겠어요."

"잘 들어보렴. 우리는 일상 언어를 사용하면서 생활하고 있고, 사회와 세계를 경험하고 있잖니? 이러한 언어의 힘으로 세계를 알아가는 걸 바로 직관기능이라고 하는 거야. 표현기능이 인간의 의식을 직접 표현한다면 직관기능은 우리가 사용하는 언어를 빌려 세계를 인식하는 거란다."

"직관기능이 언어를 빌려 세계를 인식하는 거라고요? 좀 이해가 되지 않는데, 예를 들어서 설명해 주세요."

"음, 프로메테우스 신화를 예로 들어 볼까? 프로메테우스는 그리스 신화에 나오는 불의 신이야. 프로메테우스는 불을 훔쳐서 인간에게 전했지. 그 때문에 프로메테우스는 제우스에게 벌을 받고 인간은 문명 세계를 누리기 시작했어."

"저도 그 이야기를 들어본 적이 있어요. 프로메테우스는 불을 훔친 죄로 코카서스 바위에 묶여 영원히 독수리에게 간을 쪼이는 고통을 받아야 했대요."

"그래 맞아. 프로메테우스는 인간이 문화를 새롭게 만들어내고 발전시켜 나갈 수 있도록 만들어 준 신이야. 그래서 우리는 프로메테우스 신화를 떠올리지 않고 프로메테우스라는 말만 들어도 그를 인류 문명의 위대한 신으로 이해할 수 있단다."

"아, 이제 무슨 말인지 알겠어요. 의미를 따져보지 않아도 언어만을 통해서 세계를 인식할 수 있다는 거네요. 그러면 마지막에 있는 의미기능은 뭐예요?"

"의미기능이 뭐냐면 인간이 인식한 세계에 의미를 붙이는 거야. 도시를 예로 들으면 적절할 거 같구나. 우리는 도시를 일일이 살펴보지 않아도 도시라고 하면 떠오르는 것들이 있어. 도시가 될 수 있는 조건, 도시의 특성 등을 떠올리는 거야. 이때 도시의 의미를 형성하는 질서나 체계가 의미기능으로서의 상징형식이야."

"아, 그렇구나. 의식이 발달하는 단계에 따라 다른 상징형식은 조금 어려운 내용이네요."

"그래. 어려운 내용 공부하느라 고생했어. 열심히 공부했더니 배고프지 않니?"

그러고 보니 뱃속이 작은 소리로 꼬르륵거리고 있었습니다. 학교가 끝나자마자 왔기 때문에 배가 조금 고프기는 했거든요. 그러나 정작 하고 싶은 이야기는 한 마디도 하지 못했기 때문에 이대로 저녁을 먹을 수는 없었어요.

"저, 할 말이 있는데요?"

나는 어렵게 말문을 열었습니다.

"나한테? 무슨 말인데?"

"그게 말씀드리기가 좀 어려운데……."

"무슨 얘긴데 그래? 괜찮으니까 편하게 얘기해 봐."

"저랑 삼촌과의 관계에 대해서 아세요?"

"너랑 삼촌과의 관계?"

나는 사진작가 누나의 대답을 듣고 삼촌이 아직 말을 못했다는 것을 알게 되었습니다. 나는 그냥 아무 일도 아닌 척 얼버무릴까 하다가 사진작가 누나에게 사실대로 털어놓기로 했습니다.

"사실 저랑 삼촌은 조카랑 삼촌 사이가 아니에요."

"뭐라고?"

"조카랑 삼촌 사이는 맞는데요. 법적으로 아버지와 아들이에요."

사진작가 누나는 내 말을 듣고 어리둥절해 했습니다. 아마 누구라도 다 그럴 거예요. 갑작스럽게 이런 얘기를 듣는다면 무슨 말인지 금세 알아차리기보다는 당황스러울 테니까요.

"제가 유치원에 다닐 때 가족들이 모두 하늘나라에 갔어요. 그 때부터 지금까지 삼촌이랑 함께 살았어요."

나는 사진작가 누나에게 가족들이 모두 하늘나라에 가게 된 이야기부터 지금에 이르기까지의 일들을 모두 알려 주었습니다. 물론 나 때문에 삼촌이 결혼하지 못했던 이야기도 했습니다.

"삼촌과 결혼할 아줌마가 있었는데요, 제가 어려서 기억은 잘 안 나지만 삼촌이 결혼하지 않은 것은 저 때문이에요. 할머니께서 삼촌도 자기 갈 길을 가야 하니까 할머니랑 살아야 한다고 하셨거든요. 제가 삼촌 옆에 있으면 삼촌은 평생 동안 결혼을 할 수가 없대요.

그런데 삼촌이 동사무소에 가서 저를 친아들로 받아들이겠다는 종이를 냈어요. 그것 때문에 삼촌과 싸우신 거라면 다 제 잘못이에요."

내 이야기를 다 듣고 난 뒤 사진작가 누나는 눈물을 글썽이면서 나를 꼭 안아주었습니다.

"그래서 인호 씨가 그런 말을 했구나."

"……."

나는 눈물이 날 것 같아서 삼촌이 무슨 말을 했다는 것인지 물어보지 못했습니다. 그저 사진작가 누나의 얼굴을 바라보기만 했습니다.

"나를 좋아할 자격이 없으니까 더 좋은 사람을 만나라고 하더라. 난 내가 싫어져서 핑계를 대는 줄로만 알았어."

"예쁜 누나. 삼촌이랑 헤어지지 마세요. 저 때문에 삼촌이 슬퍼하는 건 싫어요. 저는 할머니랑 살아도 괜찮아요. 저 때문이라면 제가 할머니 댁에 갈게요."

나는 창피하게도 사진작가 누나 앞에서 훌쩍훌쩍 울고야 말았어요. 사진작가 누나는 아무 말도 없이 내 눈물을 닦아주며 나를 다독여 주었습니다.

제 진심은 과연 통할 수 있을까요? 정말로 나는 삼촌이 행복해지기를 바라고 또 바랐습니다.

3 현실 속 철학의 역할

사진작가 누나에게 나와 삼촌의 관계를 사실대로 얘기한 후 삼촌과 사진작가 누나 사이에서 어떤 일이 있었는지는 알 수 없었지만 삼촌의 얼굴이 전보다 좋아 보였습니다.

나는 둘 사이에 어떤 일이 일어났는지, 앞으로 삼촌과 사진작가 누나는 어떻게 될 것인지 궁금해서 견딜 수가 없었어요. 그러나 한편으로는 나쁜 일이 생겼을까 봐 너무 겁이 나서 삼촌에게 물어보지 못했습니다.

그렇게 하루하루를 보내면서 나는 잠들기 전에 항상 기도를 했습니다. 내 기도가 하늘에 닿는다면 분명 우리 가족들이 삼촌을 도와주겠지요?

몇 주일이 지난 어느 날이었습니다. 학교를 마치고 집에 가는데 사진작가 누나에게 전화가 왔습니다.

"연수야, 예쁜 누나야."

"네, 안녕하세요?"

"학교 수업은 끝났니?"

"네, 지금 집에 가는 길이에요."

"그럼 작업실에 잠깐 들렀다 갈래?"

"네, 지금 갈게요."

나는 전화를 끊기가 무섭게 작업실을 향해 달렸습니다. 사진작가 누나의 전화가 무척이나 반갑고, 궁금했던 이야기를 들을 수 있을 것 같아서 기대가 되었으니까요. 나는 숨을 몰아쉬며 작업실 문을 열었습니다.

"와! 학교에서 여기까지 뛰어온 거야? 진짜 빨리 왔네."

나는 숨이 턱까지 차서 대답조차 할 수가 없었어요. 그래도 사진작가 누나의 얼굴을 보니 조금 안심이 되었습니다.

"너, 내가 무슨 얘기를 할까 궁금해서 이렇게 달려온 거지?"

"네, 맞아요. 어떻게 아셨어요?"

"곧 한 가족이 될 텐데 이 정도는 알아야 하지 않겠어?"

"네? 한 가족이요?"

나는 사진작가 누나의 말을 제대로 들은 것인지 의심스러워 되물어보았습니다.

"응, 삼촌한테 청혼을 받았거든."

"정말요? 그럼 삼촌이랑 결혼하는 거예요? 예쁜 누나도 결혼하기로 했어요?"

"얘. 숨넘어가겠다. 하하하."

사진작가 누나는 냉장고를 열어 음료수를 하나 건네주었습니다. 나는 음료수를 받아서 단숨에 들이켰습니다.

"너네 삼촌이 청혼을 하면서 뭐라고 했는지 아니? 나한테 꽃다발을 안겨 주더니 '당신의 경비원이 되고 싶습니다' 이러는 거 있지?"

"경비원이요?"

"그래. 보통은 당신의 왕자님이 되고 싶다거나 당신의 기사가 되고 싶다고 하지 않나? 너네 삼촌은 나를 항상 지키고 돌보는 경비원이 되고 싶대."

사진작가 누나의 말에 나는 조금 엉뚱한 상상을 했습니다. 삼촌이 아파트의 경비원 아저씨 옷을 입고 순찰을 도는 모습을요.

"뭐 좀 유치하기는 하지만 약간은 멋있기도 했어. 삼촌이 말한 경비원은 건물이나 주차장을 지키는 경비원만을 의미하는 것은 아니니까. 삼촌은 나를 보호해 주고 아껴 주기도 하겠지만 내가 항상 정신적으로 깨어 있으면서 현실의 문제를 해결할 수 있도록 도와주겠다는 의미에서 청혼을 한 거야."

"아, 예전에 했던 경비원 이야기구나."

"카시러에 대해서 공부한 건 참 잘한 일이야. 안 그랬으면 청혼도 못 받을 뻔했잖아. 그렇지?"

나와 사진작가 누나는 마주보며 웃음을 터뜨렸습니다. 나는 삼촌과 사진작가 누나가 결혼을 하게 되어 정말 행복한 기분이었습니다.

"삼촌과 결혼을 하고 나면 나는 연수네 집에서 살게 될 거야."

나는 순간 '그럼, 저는요?' 라는 말을 할 뻔했으나 꾹 참았습니다. 사진작가 누나가 어떤 말을 할지 가슴이 콩닥콩닥 뛰었어요.

"그럼 연수랑 나는 앞으로 함께 살아야 하겠지? 내가 집안일이 좀 서투르긴 하지만 잘 부탁할게."

"괜찮아요. 저 집안일 잘 해요. 제가 설거지랑 청소까지 열심히 할게요."

"하하하, 난 결혼하면 경비원을 두 명이나 두게 생겼네."

"언제든 분부만 내려주세요."

"하하하, 고맙다."

나는 기쁜 마음으로 집에서 삼촌을 기다렸어요. 내가 자신 있게 만들 수 있는 김치 볶음밥을 준비해서요. 삼촌은 퇴근하고 나서 김치볶음밥을 맛있게 먹었습니다.

"야, 맛이 기가 막힌데. 삼촌보다 요리를 더 잘 하는 것 같아."

"삼촌의 결혼을 축하하는 의미로 준비했어요."

"하하. 수연 씨한테 벌써 들었구나. 오늘 밤에 얘기하려고 했는데……."

"삼촌, 청혼이 뭐예요? 경비원이 되고 싶다는 말은 너무 멋이 없잖아요."

"그게 뭐가 어때서 그러니? 너도 알겠지만 경비원이 얼마나 좋은 의미니? 더구나 우리가 한 가족이 된 것이 카시러 덕분이기도 하잖아."

하기는 삼촌의 말이 맞아요. 우리는 카시러에 관한 이야기를 하면서 친해졌고, 삼촌은 청혼도 하게 됐으니 카시러가 우리를 한 가족으로 만들어 주었다고 볼 수도 있겠네요.

"나는 카시러가 참 마음에 든단다. 카시러가 평생 동안 철학, 언어학, 종교, 역사, 신화 등을 연구하고 글을 썼지만 강단 철학보다는 현실 철학을 옹호했기 때문이야."

"강단 철학은 무엇이고, 현실 철학은 뭐예요?"

"응, 강단 철학은 이론을 중요시하는 철학이고, 현실 철학은 현실에서의 실천과 연관된 철학이야."

"그럼 카시러는 이론 중심의 철학을 비판하고 실천 중심의 철학만 강조했나요?"

"아니 그렇지는 않아. 카시러의 문화 철학이 목적으로 삼는 것은 현실 문제의 해결이었어. 철학의 진정한 역할은 바람직하고 조화로운 인간과 사회, 문화를 창조한다는 것이지. 그래서 카시러는 자신의 철학이 이론의 수준에서 벗어나 이론과 실천이 적절하게 조화를 이루기 바랐어."

"카시러는 이론적인 탐구를 열심히 했지만 현실 문제를 해결하는 데 관심이 많았다는 말이지요?"

"그래, 맞아. 나도 카시러를 존경하면서 현실에 문제가 생겼을 때 그것을 해결하도록 노력할 거야. 우리가 한 가족이 되면 어려움도 많겠지만 우리 가족 나름의 문화를 만들어 나가면서 행복하게 지낼 수 있도록 최선을 다할 거란다."

"네, 저도 열심히 노력할게요. 삼촌, 결혼 축하해요."

나와 삼촌은 식탁을 치우고 소파에 앉아 평온한 시간을 보냈습니다. 머지않아 나와 삼촌의 곁에는 사진작가 누나도 있겠지요?

인간은 상징하는 동물

인간은 자유로운 정신을 소유하고 있어요. 우리는 결코 기계가 아니라 인간이잖아요. 그렇기 때문에 누구든지 다음처럼 외칠 수 있어요.

"나는 식물이나 짐승과 달라. 그뿐만 아니라 다른 사람들과도 다른 고유한 주체로서의 인간이야! 그래서 나의 의지대로 생각하고 행동하는 거야."

"맞아! 나의 주인은 어느 누구도 아니고 바로 나야. 그런 인간이 곧 주체적 인간인 거지. 문제는 인간 각자가 주체적 인간이라는 사실을 모르고 있다는 거지."

"맞는 말이야. 주체적 인간은 문화 속에서 살면서 문화를 창조하는 인간이야. 카시러는 인간을 가리켜서 '상징하는 동물' 이라고 말했어. 이 말은 인간이 문화 창조자라는 사실을 지적해."

"그래. 인간을 가리켜서 이성적 동물이니 사회적 동물이니 여러 말들

이 많아. 하지만 인간이란 카시러가 지적한 것처럼 상징을 만들고 상징 형식의 체계 안에서 삶을 이끌어 가는 존재야."

위에 있는 대화에서 우리는 인간이 사회적이며 이성적인 존재임을 알 수 있어요. 그뿐만 아니라 자기 자신을 반성하며 상징을 만들어 문화를 새롭게 만드는 존재라는 사실을 알 수 있지요.

인간은 문화적 존재라는 점에 있어서 다른 동물들과 뚜렷하게 구분돼요. 인간은 다른 동물들처럼 본능만 가지고 살지 않아요. 삶을 상징화하고 상징형식의 체계 속에서 문화적 삶을 이끌어 나가고 있어요. 인간의 문화적 삶의 연속은 바로 역사라고 할 수 있어요.

상징과 신화

카시러는 인간이 가장 먼저 만들어낸 상징형식이 신화라고 하였어요. 어느 민족에게 있어서나 역사가 시작하는 데에는 신화가 있답니다. 중국, 그리스, 인도, 이집트 등 고대 문명이 처음 발생한 지역은 물론이고 우리나라의 역사만 살펴보아도 신화가 자리 잡고 있는 것을 알 수 있어요.

우리나라의 신화가 어떤 거냐고요? 우리나라에는 단군신화가 있지요. 단군신화의 내용을 짧게 설명할게요. 곰과 호랑이가 100일 동안 쑥과 마늘을 먹는 시합을 겨루다가 결국 곰이 끝까지 인내하여 여인(女人)으로 변해 환웅과의 사이에서 단군왕검을 낳았어요. 웅녀와 환웅 사이에 태어난 단군왕검이 우리 민족의 시조라는 것이 단군신화의 주요 내용이에요. 그래서 우리는 우리 민족의 정신을 곰이 지닌 끈기와 은근(慇懃)으로 나타낸답니다.

물론 곰, 호랑이, 환웅, 단군 등은 현실적으로 실제 존재했던 동물이나 인간이 아니지요. 신화 속에 있는 곰, 호랑이, 환웅, 단군 등은 상징들이에요. 이 상징들이 모여서 신화라고 하는 상징형식의 체계를 구성했지요.

현대사회를 살아가는 우리들의 의식과 삶의 바탕에는 항상 신화적인 요소가 깔려 있어요. 그래서 카시러는 신화가 상징형식으로 가장 먼저 나타난 유형이라고 말했던 거예요.

에필로그

　드디어 삼촌과 사진작가 누나의 결혼식입니다. 삼촌은 어제 저녁 늦게까지 미술관 식구들의 축하를 받느라 피곤했는지 아직도 잠에 빠져 있었습니다.

　"삼촌, 얼른 일어나서 아침 드세요."

　"아, 5분만 더 잘게."

　"그럴 시간 없어요. 서두르지 않으면 지각한다고요."

　"조금만, 조금만 더 잘게."

　"안 돼요, 삼촌. 이 얼굴로 결혼식에 가면 누나가 싫어할 거예요."

　"아! 맞다. 결혼식!"

　삼촌은 깜짝 놀라서 일어나 부리나케 화장실로 뛰어 들어갔습니다. 나는 삼촌이 몸만 빠져나온 침대를 정리했습니다.

"어쩜 삼촌은 자기 결혼식을 깜빡할 수가 있어요? 예쁜 누나한테 다 이를 거예요."

"아냐, 아냐. 깜빡하기는……. 너무 졸려서 그랬던 거지."

"히히. 안 이를 테니까 얼른 밥 먹고 가요."

나와 삼촌은 아침을 먹고 서둘러 예식장에 갔습니다. 삼촌은 미용실에서 화장을 하고 머리 손질을 했어요. 나는 아주 오래 전에 엄마가 화장을 하는 모습을 본 후로 이런 구경은 처음 해 보았습니다.

꽤 오랜 시간이 흐르고 나는 턱시도를 입은 말끔한 모습의 삼촌을 보게 되었어요. 삼촌과 사진작가 누나가 웨딩 촬영을 할 때에도 턱시도 입은 모습을 보긴 했지만 오늘따라 우리 삼촌은 더 멋있는 것 같습니다.

"삼촌 어떠니?"

"최고로 멋있어요."

"그래? 그럼 이제 예쁜 누나 보러 갈까?"

"네!"

나와 삼촌은 결혼식이 열릴 예식장으로 올라갔어요. 예식장에는 우리 친척들과 사진작가 누나의 친척들이 서로 인사를 나누고 있었고, 직원인 듯한 몇 사람이 결혼식 준비를 하고 있었습니다.

나와 삼촌도 친척들에게 인사를 나누었습니다. 사람들은 저마다 신랑이 정말 멋있다고 한껏 칭찬을 늘어놓았습니다. 나는 사람들의 관심이 삼촌에게 몰려 있는 틈을 타 어른들의 사이에서 빠져나왔어요.

　나는 사진작가 누나가 보고 싶어서 신부 대기실에 갔습니다. 내가 들어가자 사진작가 누나는 나를 무척이나 반겨 주었습니다. 사진작가 누나가 하얀 웨딩드레스를 입은 모습이 정말 공주님 같다는 생각이 들었어요. 엄마께는 죄송하지만 세상에서 제일 예쁜 사람은 사진작가 누나일 거 같습니다.

　"연수야, 뭐 잊은 거 없니?"

　"잊은 거 없는데요."

　"잊은 게 왜 없어? 결혼 선물 줘야지."

　"아, 그게 말이에요⋯⋯."

　나는 사진작가 누나의 말에 조금 당황했습니다. 사실 결혼 선물을 준비하고 싶었으나 아무리 고민을 해도 뭐가 좋을지 몰라서 준비를 못했거든요.

　"하하하, 연수야. 정말 선물을 달라는 건 아니었어. 대신 소원 한 가지만 들어줄래?"

　"소원이요?"

"응, 들어준다고 약속하면 말할게."

"네, 꼭 들어드릴게요."

나는 큰 목소리로 자신 있게 대답했습니다.

"내 소원이 뭐냐 하면 말이야. 앞으로는 연수가 삼촌을 아빠, 나를 엄마라고 불러주었으면 좋겠어. 할 수 있겠니?"

"……."

나는 대답을 망설였어요. 물론 아빠, 엄마라고 부르는 것이 싫어서 그런 건 아니에요. 기분이 너무 좋아서 대답이 금방 나오지 않았던 것이었지요.

나는 말없이 고개만 끄덕였습니다. 사진작가 누나는 내 두 손을 꼭 쥐고 눈물이 글썽거리는 눈으로 나를 바라보았습니다.

나는 울먹울먹 하는 마음으로 친척들 옆에 앉았습니다. 결혼식은 곧 시작되었고, 나는 삼촌과 사진작가 누나가 행복한 웃음을 지으며 결혼하는 모습을 지켜보았습니다.

'삼촌, 아니 아빠. 앞으로 경비원 역할 잘 하세요. 그래서 두 분이 항상 행복하길 바랄게요. 아빠, 엄마. 사랑해요.'

통합형 논술
활용노트

01 다음 제시문을 읽고 물음에 답하시오.

(가) 인간은 자유로운 정신을 소유하고 있어요. 우리들 각자는 결코 기계가 아니라 인간이잖아요. 그렇기 때문에 누구든지 다음과 같이 외칠 수 있어요.

"나는 식물이나 짐승과 달라. 그뿐만 아니라 다른 사람들과도 다른 고유한 주체의 인간이야! 그래서 나의 의지대로 생각하고 행동하는 거야."

"맞아! 나의 주인은 어느 누구도 아니고 바로 나야. 그런 인간이 곧 주체적 인간인 거지. 문제는 인간 각자가 주체적 인간이라는 사실을 모르고 있다는 거지."

"맞는 말이야. 주체적 인간은 문화 속에서 살면서 문화를 창조하는 인간이야. 카시러는 인간을 가리켜서 '상징하는 동물'이라고 말했어. 이 말은 인간이 문화 창조자라는 사실을 지적해."

"그래. 인간을 가리켜서 이성적 동물이니 사회적 동물이니 여러 말들이 많아. 하지만 인간이란 카시러가 지적한 것처럼 상징을 만들고 상징형식의 체계 안에서 삶을 이끌어 가는 존재야."

위에 있는 대화에서 우리는 인간이 사회적이며 이성적인 존재임을 알 수 있어요. 그뿐만 아니라 자기 자신을 반성하며 상징을 만들어 문화를 새롭게 만드는 존재라는 사실을 알 수 있지요.

인간은 문화적 존재라는 점에 있어서 다른 동물들과 뚜렷하게 구분되어

요. 인간은 다른 동물들처럼 본능만 가지고 살지 않아요. 삶을 상징화하고 상징형식의 체계 속에서 문화적 삶을 이끌어 나가고 있어요. 인간의 문화적 삶의 연속은 바로 역사라고 할 수 있어요.

- 《카시러가 들려주는 상징 이야기》 중

(나) 촛불집회, 문화로 기록하다

광우병 우려가 있는 미국산 쇠고기 수입에 반대하는 국민들의 반대 여론이 점차 거세지고 있다. 서울 광화문 거리를 비롯하여 부산, 대구, 광주 등 각 도시에서도 촛불을 든 시민들이 거리로 나오고 있다. '시위', '집회'라는 단어에 가장 먼저 연상되는 것은 폭력과 경찰 충돌이었다. 그러나 미군 장갑차에 깔려 죽은 미선이 효선이 사건 이후 거리에는 쇠파이프 대신에 촛불이 환히 밝혀졌다. 이후 시위 문화는 비폭력 평화 행진, 촛불 집회, 기도 등으로 진행되어 왔다. 시위 문화가 긍정적으로 바뀐 데에는 우리나라 국민들로 구성된 네티즌들의 힘이 매우 컸다. 네티즌들은 인터넷에서 비폭력 소통의 장을 마련하고 타인의 강제가 아니라 자발적인 참여로 촛불을 켰다. <u>촛불집회는 이제 집회의 상징이 되었고, 정부나 권력집단에서 폭력으로 의견을 나타내는 게 아니고, 촛불을 켜고 기다림을 보여 주면서 의견을 나타냈다.</u> 촛불집회는 우리나라 국민들이 스스로 생성하고 발전시킨 문화이다. (……)

- ○○일보, 2008년 6월 8일자 칼럼 중

1. 제시문 (가)에서 정의 내린 '인간'에 대해 설명하고, 우리 주변에서 흔히 알 수 있는 상징의 사례를 들어 보시오.

2. 제시문 (나)의 밑줄 친 부분의 중심 내용을 간략하게 요약하고, 제시문 (가)의 인간 유형과 연결 지어 설명해 보시오.

다음 제시문을 읽고 물음에 답하시오.

(가) "그렇지. 카시러는 상징형식이 맨 처음 나타난 것이 신화라고 한단다. 신화가 사실은 아니야. 하지만 어떤 구체적인 것을 대신해서 표현하는 상징형식이라는 거야."

"그럼 신화는 오늘날 우리들에게도 큰 의미가 있겠네요."

"그렇고 말고, 신화가 나타내고 있는 내용은 인간이면 누구나 생각하고 경험할 수 있는 것이기 때문에 우리에게 교훈을 주지. 또 카시러는 신화가 고대뿐만 아니라 현대에도 여전히 만들어진다고 주장했어."

"신화는 아주 오랜 옛날에 만들어진 거잖아요. 현대에 만들어진 것도 신화라고 할 수 있나요?"

"상징이 가능하다면 신화도 만들어낼 수 있지 않겠니? 예를 들어 어떤 사람이 사업을 해서 놀라운 성공을 이루었다고 가정해 보자. 그 사람의 사업 방식이나 태도, 신념 등이 이야기로 탄생해 신화가 되는 거야."

"그렇구나. 하긴 저도 'OOO의 성공 신화', '신화를 창조한 OOO' 이런 책 제목을 얼핏 본 것 같아요."

"카시러는 현대에 탄생한 신화들, 특히 정치적 신화들은 매우 비판했다고 알려져 있어. 현대의 잘못된 정치적 신화들이 얼마나 위험한 것이 직접 체험하면서 살았으니까 말이야."

사진작가 누나는 카시러가 비판한 현대의 신화들에 대해서 이야기해 주

었습니다. 카시러는 현대의 잘못된 정치적 신화들이 국가의 삶에 바탕이 되어 합리적인 원칙들을 무시할 때 국가는 전체주의(개인의 모든 활동은 민족이나 국가와 같은 전체의 발전만을 위해 존재해야 한다는 이념 아래 개인의 자유를 억압하는 사상. 이탈리아의 파시즘과 독일의 나치즘이 대표적임.)와 독재주의(국민의 합의에 의한 민주적인 절차를 무시하고 단독의 지배자가 절대적인 권력을 행사하는 정치사상.) 경향에 빠질수 있다고 지적했대요.

— 《카시러가 들려주는 상징 이야기》 중

(나) "반을 이끌어 가다 보면 많은 의견에 부딪히게 되는데 일일이 모든학생의 의견을 다 만족시킬 수는 없어요. 그래서 반장의 역할이 어려운거죠. 그만큼 반장은 여러 의견이 부딪치지 않게 잘 조율해 나갈 수 있는 사람이어야 하고요. 반 전체를 위해서라면 소수가 희생하더라도 대다수의 의견을 따라야 해요."

(……)

성훈이가 반박했다.

"저…… 전체를 위한다는 모…… 목적에 한…… 한 사람이라도 희생되는 건 오…… 옳지 못해요. 더…… 더 좋은 방법을 찾아보지 않고 전체의 목적만을 가……강요한다면 그건 더 나쁜 것 아…… 아닌가요?"

승진이는 다시 말을 받았다.

"강요하는 게 아니라, 옳은 방법이라고 생각하는 거죠!"

준기가 딱 잘라 말했다.

"일단 개인적인 형편이나 생각을 모두 따르자면 회의는 진행되지도 않고 환경미화도 제대로 할 수 없어요. 학급을 위한 일인데!"

"맞아, 맞아. 오죽하면 정의의 사도 삼총사가 이런 말을 했겠어? 한 사람은 전체를 위하여, 전체는 한 사람을 위하여! 엥? 뒷말은 빼고! 한 사람은 전체를 위하여!"

-《한나 아렌트가 들려주는 전체주의 이야기》중

1. 제시문 (가)의 밑줄 친 문장을 다시 한 번 읽어 보고, 여러분이 생각한 우리나라의 잘못된 정치적 신화는 무엇이 있는지 적어 보시오.

2. 제시문 (나)는 전체주의에 대한 찬반의견이 갈리고 있는 상황을 나타내고 있습니다. 여러분이 제시문 (가)의 사진작가 누나라고 생각하고 제시문 (나)의 준기와 같이 전체주의를 찬성하는 이들에게 무엇이라고 할지 적어 보시오.

01   1. 인간은 자신의 생각과 감정을 표현하고 살아갑니다. 그 표현은 말(언어)이 될 수도 있고, 그림이 될 수도 있고, 손짓이 될 수도 있습니다. 자신의 생각을 표현할 수 있다는 것은 인간이 동물과 크게 다른 점입니다. 제시문 (가)에서 표현은 하나의 상징이 되고, 이 상징들이 모여서 사회체계를 이룬다고 합니다. 우리 주변에도 상징성을 가지고 있는 물건, 매체, 제도 등이 있습니다. 예를 들면 우리나라에서는 태어난 지 1년이 되었을 때 첫돌잔치를 합니다. 돌잔치에서 하이라이트는 아기 앞에 놓인 물건 중 하나를 아기에게 선택하게 하는 행사입니다. 명주실은 튼튼하고 질기기 때문에 오래갑니다. 그래서 명주실을 고르는 아기는 오래 살 것이라고 합니다. 그리고 돈을 집는 아기는 부자가 되고, 연필을 집는 아기는 공부를 잘 할 것이라고 하며, 마이크를 집는 아기는 노래를 잘 부를 것이라고 합니다. 각 물건들이 지니고 있는 특징을 돌잡이의 상징으로 가지고 온 예입니다.

2. 사람들마다 차이와 다양성이 있습니다. 그런데 차이와 다양성을 인정하지 않고 전체만을 우선시하도록 강요하는 것은 옳지 않습니다. 그건 국가의 목적을 실현하기 위해 개인의 다양한 모습을 인정하지 않는 전체주의와 같습니다. 우리는 국가의 권력은 국민으로부터 나온다고 배웠습니다. 그런데 국가는 국민의 다양성을 무시하고 국가권력을 전체의 목적을 이루는 데에만 이용했던 사례가 있습니다. 바로 독일의 히틀러입니다. 히틀러는 국가의 권력과 폭력을 구분하지 못하고 유대인들을 학살하였습니다. 우리는 개인마다 다양한 생각과 다양한 개성, 특성, 환경을 갖고 있다는 것을 인정해야 합니다. 다르다고 해서 그르고, 같다고 해서 옳을 수 없습니다.

02   1. 40여 년 전 우리나라는 가난한 나라였습니다. 아이들이 조그만 방에서 옷과 신발을 만들다가 병에 걸리기도 했습니다. 가난한 사람들이 밤낮을 가리지 않고 일하는 동안 우리나라는 발전하

고 경제성장을 이뤘습니다. 당시 경제성장을 박정희 전 대통령의 신화라고 일컫기도 합니다. 그래서 경제가 어려울 때 1960~1970년대의 박정희 신화를 떠올리는 사람들이 있습니다. 하지만 박정희 전 대통령의 독재체제와 경제성장 뒤에 가려진 사람들의 고통 등 부정적인 면도 많이 있습니다. 그러나 박정희 전 대통령의 "신화"를 만들어서 국민들에게 긍정적인 모습만 강조하거나 어려운 시국에 국가의 희망, 구세주가 됨을 우회적으로 표현하고 있습니다.

2. 제시문 (나) 신문기사는 우리나라 네티즌들이 촛불집회라는 문화를 만들어 나간다는 내용을 담고 있습니다. 이를 보면 알 수 있듯이 인간은 문화를 창조해 나가는 존재입니다. 문화는 인간이 표현하고자 하는 상징이 담겨 있는 것입니다. 촛불집회에 네티즌들의 의사 표출이라는 상징이 담겨 있는 것처럼 인간이 만들어 내는 문화에는 인간이 표현하고자 하는 내용의 상징이 담겨 있습니다. 표현하는 인간은 곧 상

징하는 인간이고, 이 상징들이 문화로 만들어지며, 문화의 집약은 사회체제로 나타납니다. 즉, 인간에 대한 정의를 다양하게 내리지만, 상징하고 끊임없이 표현한다는 인간의 정의도 오늘날 문화를 창조하고 이끌어가는 인간의 특징을 잘 반영하고 있는 말입니다.